ACCESO GRATIS ***a la Lectura en la Nube***

Para visualizar el libro electrónico en la nube de lectura envíe junto a su nombre y apellidos una fotografía del código de barras situado en la contraportada del libro y otra del ticket de compra a la dirección:

ebooktirant@tirant.com

En un máximo de 72 horas laborales le enviaremos el código de acceso con sus instrucciones.

La visualización del libro en **NUBE DE LECTURA** excluye los usos bibliotecarios y públicos que puedan poner el archivo electrónico a disposición de una comunidad de lectores. Se permite tan solo un uso individual y privado

ESQUEMAS DE DERECHO PROCESAL CIVIL GENERAL

ESQUEMAS DE DERECHO PROCESAL CIVIL GENERAL

1ª Edición

Autores:

Alejandra Gómez Moreno
Nathalia Francs Barrera
Antonia Zapata Londoño

tirant lo blanch
Bogotá D.C., 2024

EDITA: TIRANT LO BLANCH
Calle 11 # 2-16 (Bogotá D.C.)
Telf.: 4660171
Email: tlb@tirant.com
Librería virtual: www.tirant.com/co/
ISBN: 978-84-1056-960-7

Si tiene alguna queja o sugerencia, envíenos un mail a: *atencioncliente@tirant.com*. En caso de no ser atendida su sugerencia, por favor, lea en *www.tirant.net/index.php/empresa/politicas-de-empresa* nuestro procedimiento de quejas.

Responsabilidad Social Corporativa: *http://www.tirant.net/Docs/RSCTirant.pdf*

*Dedico este libro a mi familia, amigos,
colegas y a todas las personas que me han
acompañado en esta bonita profesión.*

Nathalia Francs Barrera

*Dedico este libro a mi familia, especialmente
a mis papás quienes hacen del derecho arte.*

*A mis grandes maestros,
Jorge Hernando Forero y Alejandra Gómez.*

Antonia Zapata Londoño

*Dedico este libro al Creador del Universo,
que guía mi camino y nos inspira.*

*A mis papás, a mis estudiantes
que son mi inspiración constante.*

Alejandra Gómez Moreno

Índice

TEMA 3

PARTES, REPRESENTANTES Y APODERADOS

TEMA 4

DEMANDA

TEMA 5

PROVIDENCIAS DEL JUEZ

TEMA 6
MEDIOS DE IMPUGNACIÓN

Introducción

Los Esquemas de Derecho Procesal Civil General, contienen de manera concreta y sistemática los fundamentos básicos que la Ley 1564 de 2012, actual Código General del Proceso, ha señalado para que dirijan los diferentes procesos civiles y los que menciona el artículo 1 del Código General del Proceso. El lector podrá encontrar el estudio de los principales aspectos de cada proceso contenido en la Parte General del Código General del Proceso. El objetivo del equipo de trabajo de este libro de esquemas está conformado por dos profesoras litigantes y una estudiante de Derecho, lo cual permite que se tenga en cuenta la pedagogía y entendimiento idóneo para los estudiantes de pregrado y para los abogados litigantes en derecho civil y otras áreas.

Este libro de esquemas pretende ser una herramienta para los litigantes, funcionarios judiciales y estudiantes que requieran entender los elementos básicos que establece el Código General del Proceso para todos los procesos y que guían la actividad tanto del juez, las partes y los apoderados. En principio, lo que tratamos de entregarle al lector es un manual de consulta en cuanto a los principios, deberes, sujetos, audiencias, trámites y requisitos generales.

Creemos que esta primera edición seguirá en constante evolución con los aportes que recibamos de nuestros lectores, soñamos con la continua transformación del mundo a través de la academia, por eso nos hemos reunido en representación de dos generaciones distintas, tres roles distintos, tres perfiles diferentes y una sola pasión: aportar desde el rol de docente, litigante y de estudiante en el estudio pedagógico del derecho procesal. Para nosotras, el estudio del derecho procesal no sólo es fascinante sino debería ser accesible a todos los colombianos, creemos firmemente que para garantizar la justicia en nuestro país debemos empezar desde la educación.

Abreviaturas

Art.	Artículo
Arts.	Artículos
C.N.	Constitución Política
C.C.	Código Civil
C.Co.	Código de Comercio
CPACA	Código de Procedimiento Administrativo y de lo Contencioso Administrativo
CPP	Código de Procedimiento Penal
CGP	Código General del Proceso
C.Pe.	Código Penal
CPTSS	Código Procesal del Trabajo y de la Seguridad Social
CSJ	Corte Suprema de Justicia
CE	Consejo de Estado
L.	Ley
S.	Sentencia
SIC	Superintendencia de Industria y Comercio
smlmv	Salario Mínimo Legal Mensual Vigente
ss.	Siguientes

TEMA 1

Disposiciones generales

1.1. PRINCIPIOS GENERALES DEL DERECHO PROCESAL (I)

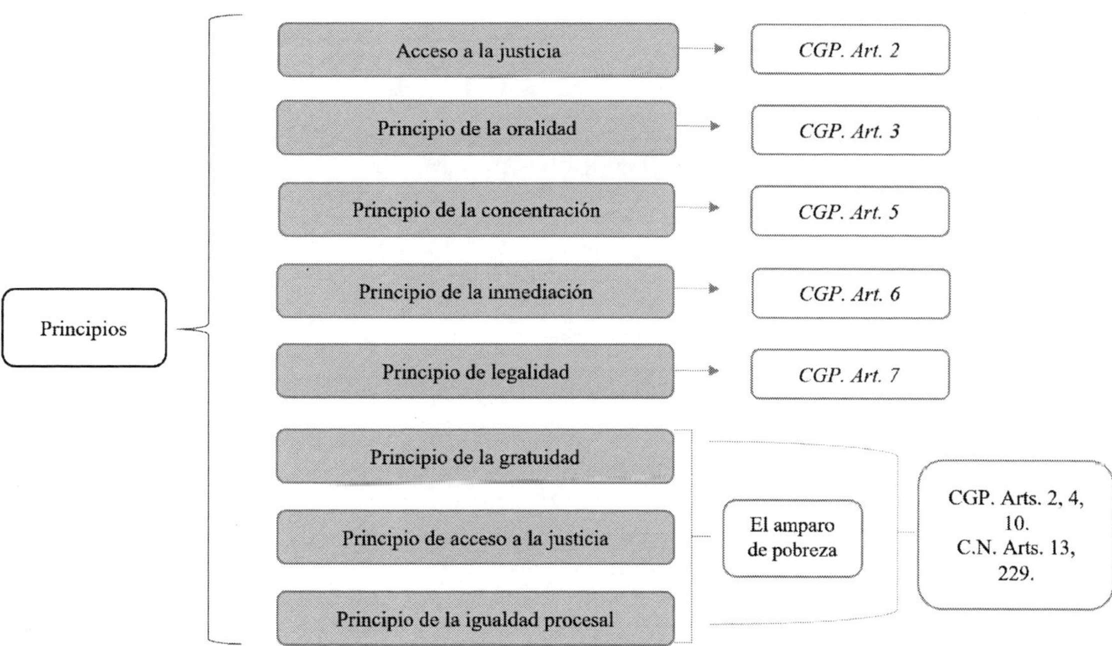

1.2. PRINCIPIOS GENERALES DEL DERECHO PROCESAL (II)

Principios

Principio	Fuente
Principio del impulso procesal	*CGP. Art. 8*
Principio de la doble instancia	*CGP. Art. 9* *C.N. art. 31*
Obligatoriedad de las normas procesales	*CGP. Art. 13*
Principio de congruencia	*CGP. Art. 281*
Principio de la imparcialidad	*CGP. Art. 141*
Principio de la no autoincriminación	*C.N. Art. 33* *CPP. Art. 68*
Principio de la buena fe	*CGP. Art. 78*
Principio de economía procesal	*S. C-037/98*

1.3. PRINCIPIOS GENERALES DEL DERECHO PROCESAL (III)

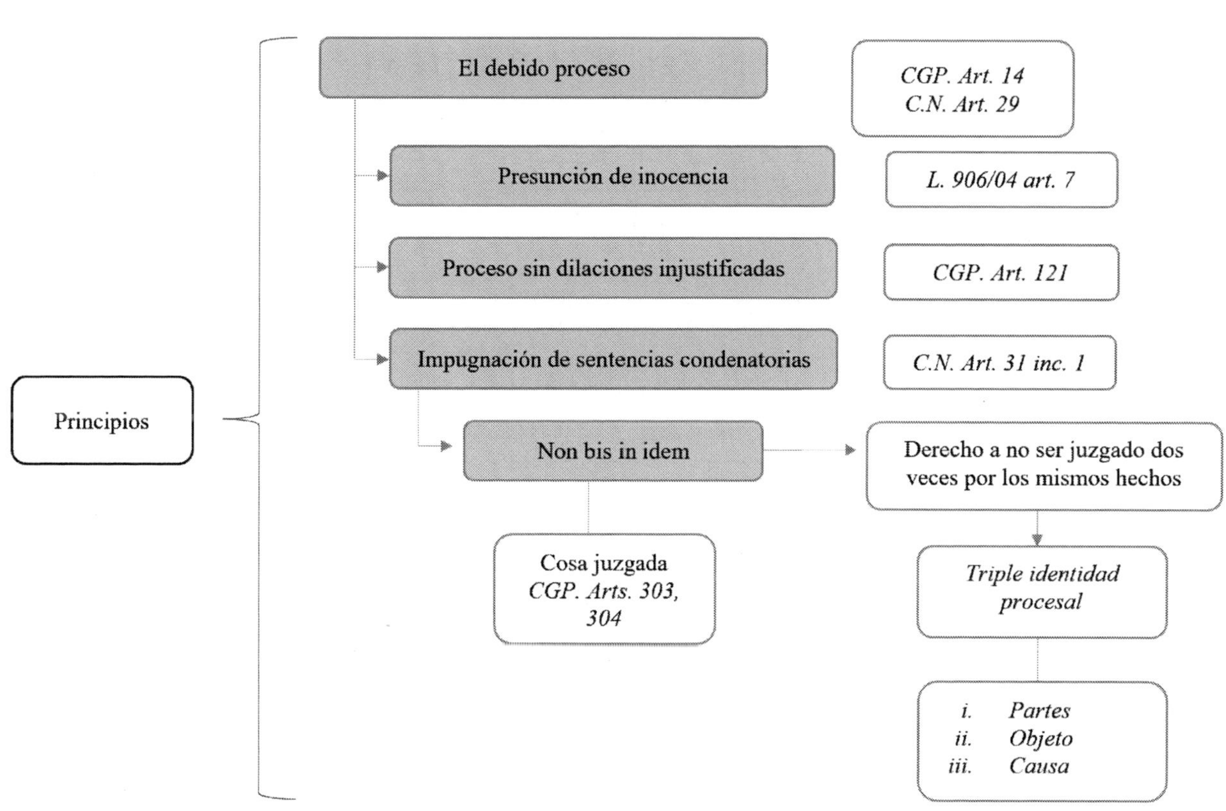

1.4. TABLA JURISPRUDENCIAL

TEMA	SENTENCIA
Proceso oral y por audiencias	Colombia. Corte Suprema de Justicia. Sala de Casación Civil. SC2759-2021.
Concentración	Colombia. Corte Suprema de Justicia. Sala de Casación Civil. SC2759-2021.
Inmediación	Colombia. Corte Suprema de Justicia. Sala de Casación Civil. SC2759-2021.
Legalidad	Colombia. Corte Suprema de Justicia. Sala de Casación Civil. SC10304-2014.
	Colombia. Corte Constitucional. C-621 del 30 de septiembre de 2015.
Gratuidad	Colombia. Corte Suprema de Justicia. Sala de Casación Civil. AC-2515-2017.
Interpretación de las normas procesales	Colombia. Corte Suprema de Justicia. STC10844-2020; STC16014-2019; STC14949-2017; STC6727-2016
Vacíos y deficiencias del Código	Colombia. Corte Suprema de Justicia. AC3611-2020; STC10844-2020.
Observancia de normas procesales	Colombia. Corte Constitucional C-602 del 11 de septiembre de 2019.
	Colombia. Corte Suprema de Justicia. AC1445-2023; SC2759-2021.
Debido proceso	Colombia. Corte Suprema de Justicia. Sala de Casación Civil. SC2759-2021.

TEMA 2

Jurisdicción y competencia

2.1. JURISDICCIÓN Y COMPETENCIA

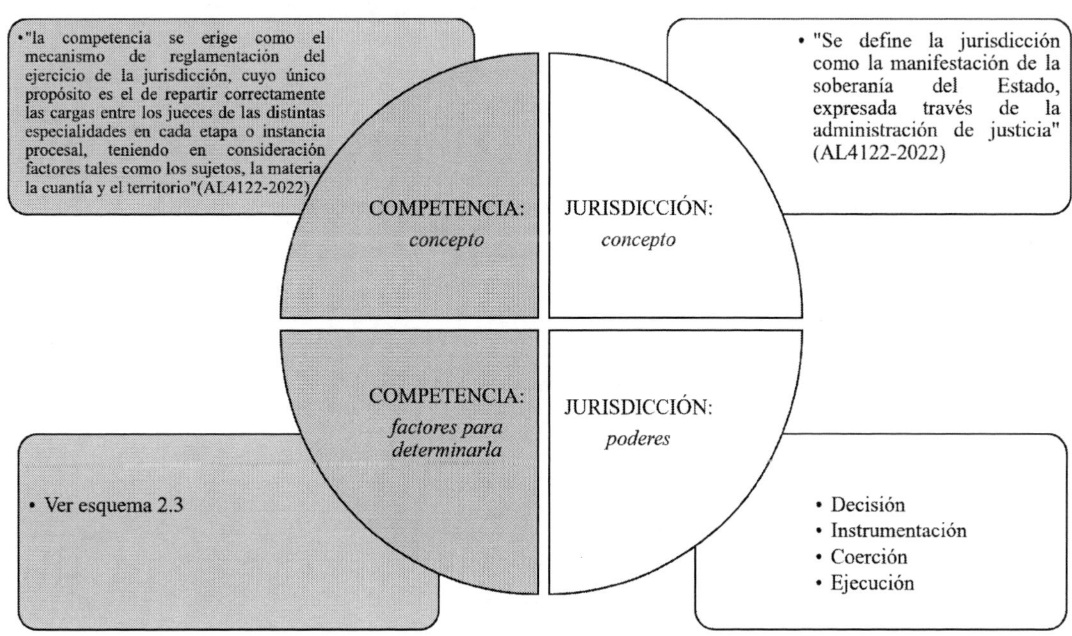

2.2. JURISDICCIÓN Y COMPETENCIA:

Ejemplo mapa judicial

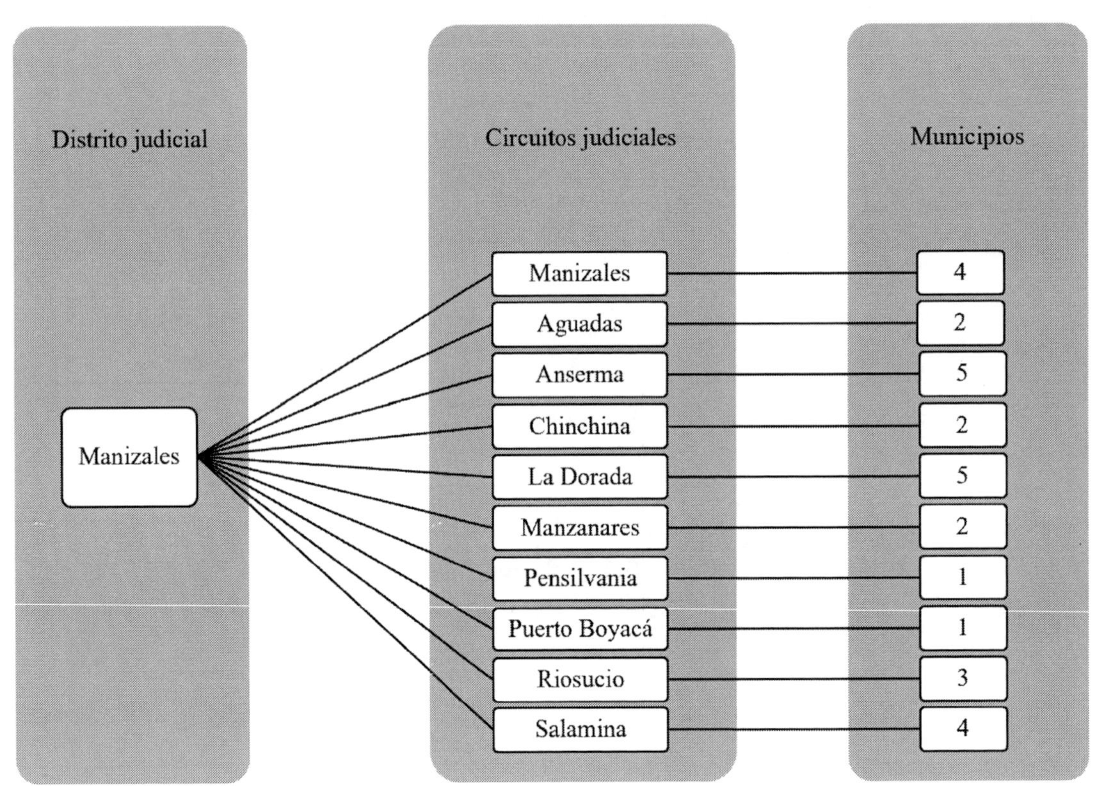

2.3. JURISDICCIÓN Y COMPETENCIA:

Ejercicio de funciones jurisdiccionales por autoridades administrativas

Art. 24 CGP.			
Superintendencia de Industria y Comercio	**Superintendencia Financiera de Colombia**	**SIC–Dirección Nacional de Derechos de Autor–Instituto Colombiano Agropecuario**	**Superintendencia de Sociedades**
• Derechos de los consumidores • Competencia desleal	• Controversias entre consumidores financieros y entidades vigiladas	• Infracción de derechos de propiedad industrial • Procesos relacionados con derechos de autor y conexos • Procesos por infracción a los derechos de obtentor de variedades vegetales	• Controversias relacionadas con el cumplimiento de los acuerdos de accionistas y la ejecución específica de las obligaciones pactadas en los acuerdos • Diferencias que ocurran entre los accionistas, o entre estos y la sociedad o entre estos y sus administradores, en desarrollo del contrato social o del acto unilateral (*)

(*) La expresión "la resolución de conflictos societarios" contenida en el artículo 24 del CGP fue declarada inexequible por la Corte Constitucional (C-318-2023).

			• La impugnación de actos de asambleas, juntas directivas, juntas de socios o de cualquier otro órgano directivo de personas sometidas a su supervisión – pero no de la acción indemnizatoria • La declaratoria de nulidad de los actos defraudatorios y la desestimación de la personalidad jurídica de las sociedades sometidas a su supervisión • La declaratoria de nulidad absoluta de la determinación adoptada en abuso del derecho por ilicitud del objeto y la de indemnización de perjuicios • En materia de garantías mobiliarias

Nota: De acuerdo con el parágrafo 1 del artículo 24 del CGP estas funciones jurisdiccionales generan competencia **"a prevención"**, luego, **no excluye** "la competencia otorgada por la ley a las autoridades judiciales y a las autoridades administrativas en estos determinados asuntos".

2.4. JURISDICCIÓN Y COMPETENCIA:

Factores para determinar la competencia

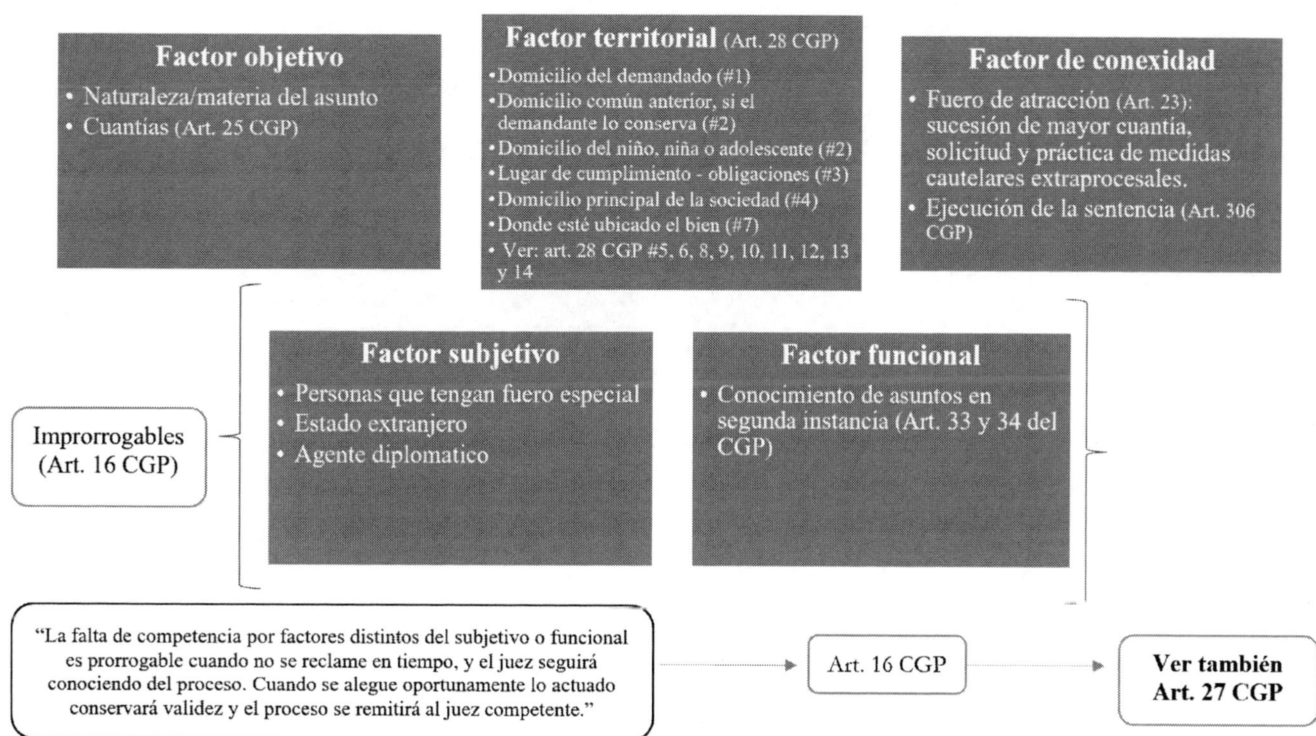

2.5. JURISDICCIÓN Y COMPETENCIA:

Competencia en civil (cuantías)[1]

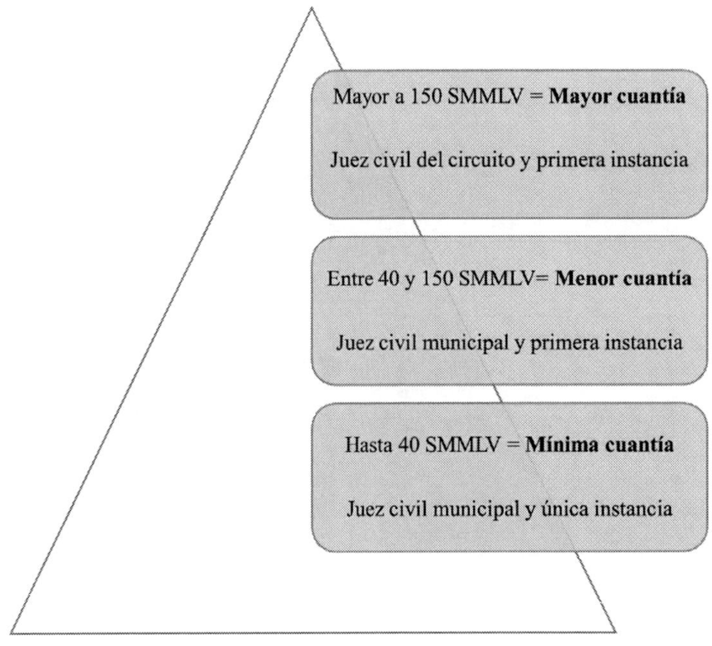

1 Aplica para procesos que se rigen por el Código General del Proceso.

2.6. JURISDICCIÓN Y COMPETENCIA:

Determinación de la cuantía:

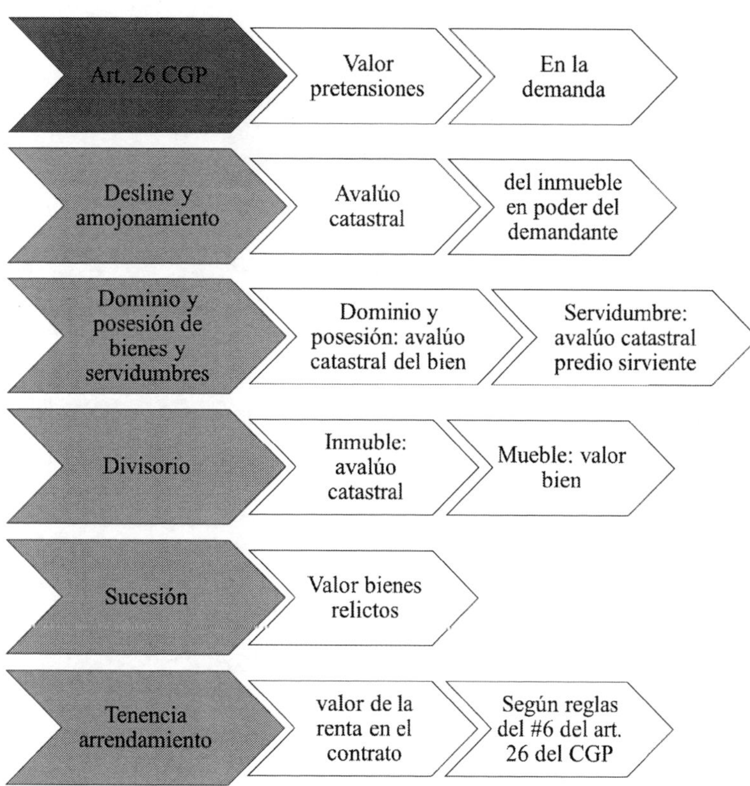

2.7. JURISDICCIÓN Y COMPETENCIA:

Competencia de los jueces civiles municipales en única instancia

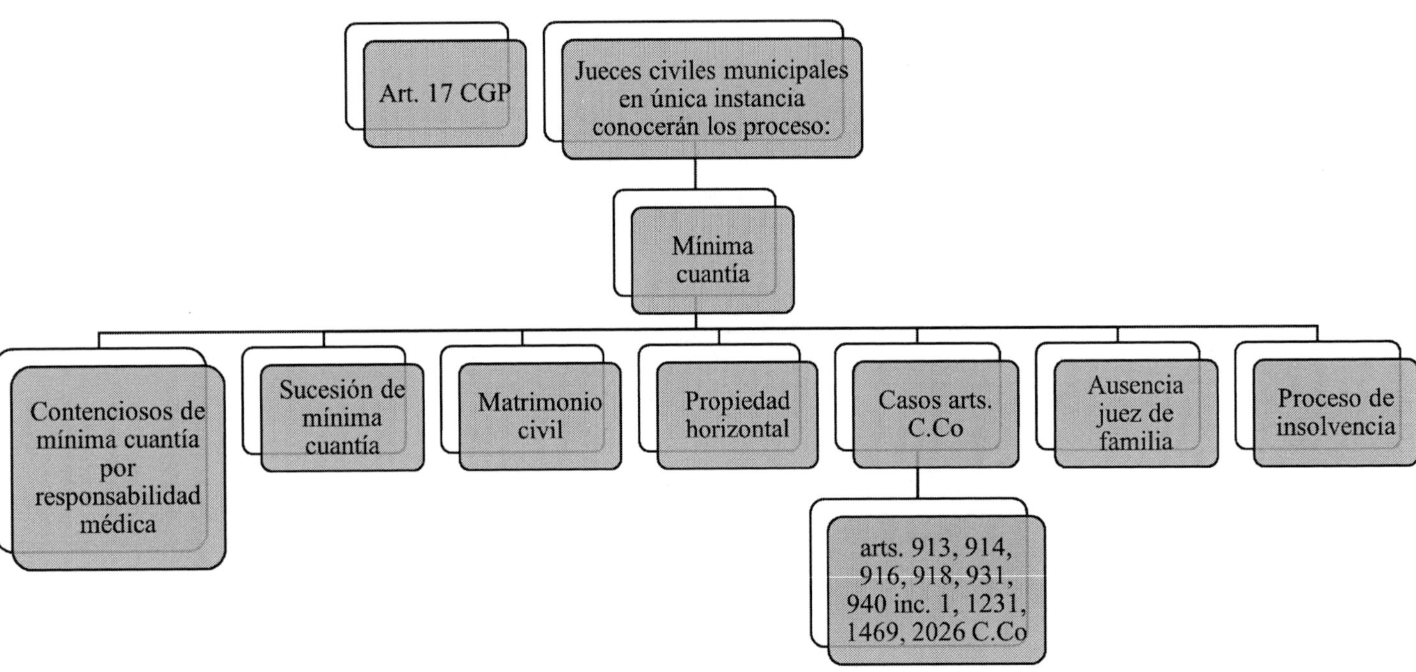

+ los que conforme a disposición especial deba resolver el juez con conocimiento de causa, o breve y sumariamente
+ Los que determine la ley

2.8. JURISDICCIÓN Y COMPETENCIA:

Competencia de los jueces civiles municipales en primera instancia

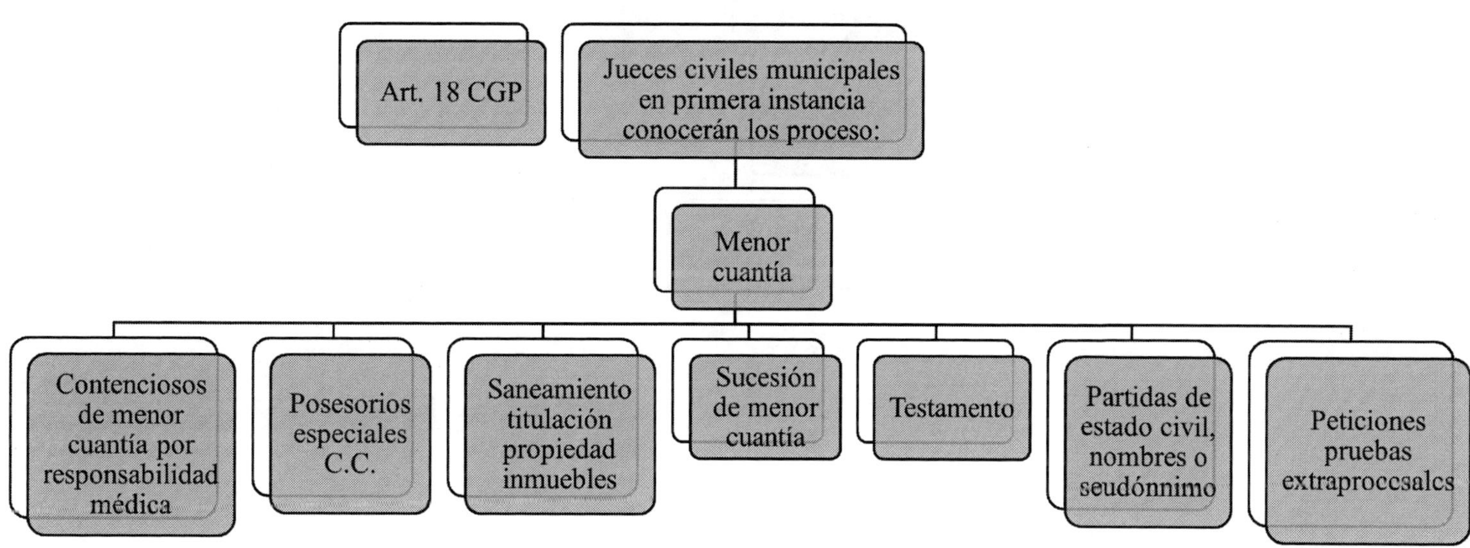

2.9. JURISDICCIÓN Y COMPETENCIA:

Competencia de los jueces civiles del circuito en primera instancia

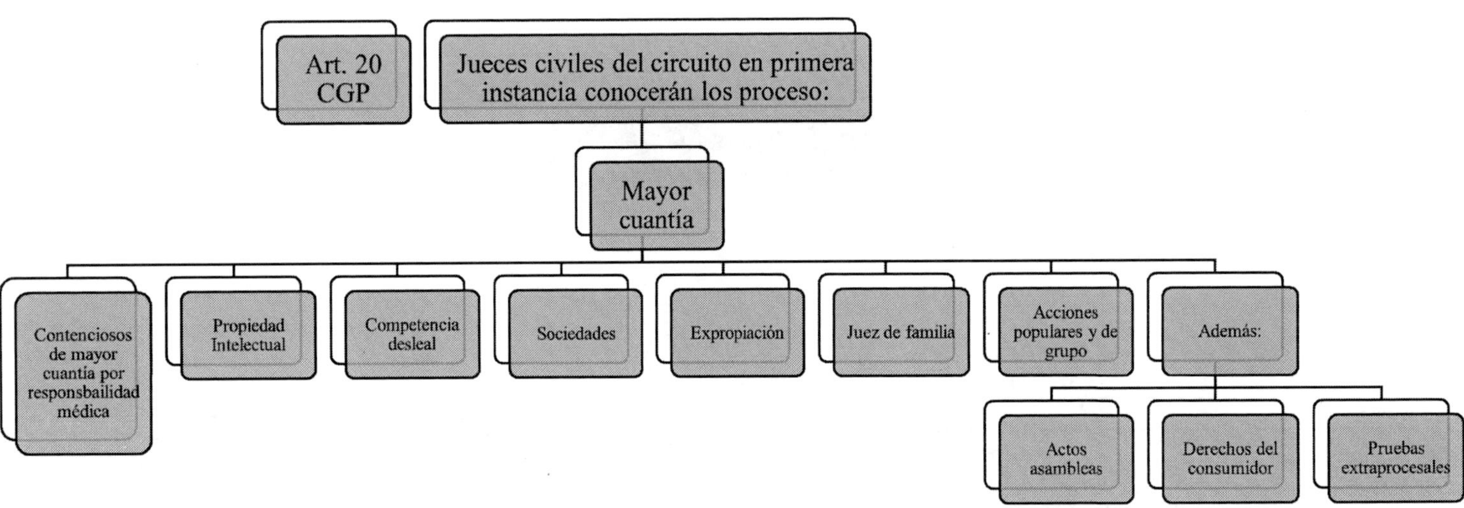

2.10. JURISDICCIÓN Y COMPETENCIA:
Competencia de la Sala de Casación Civil de la Corte Suprema de Justicia

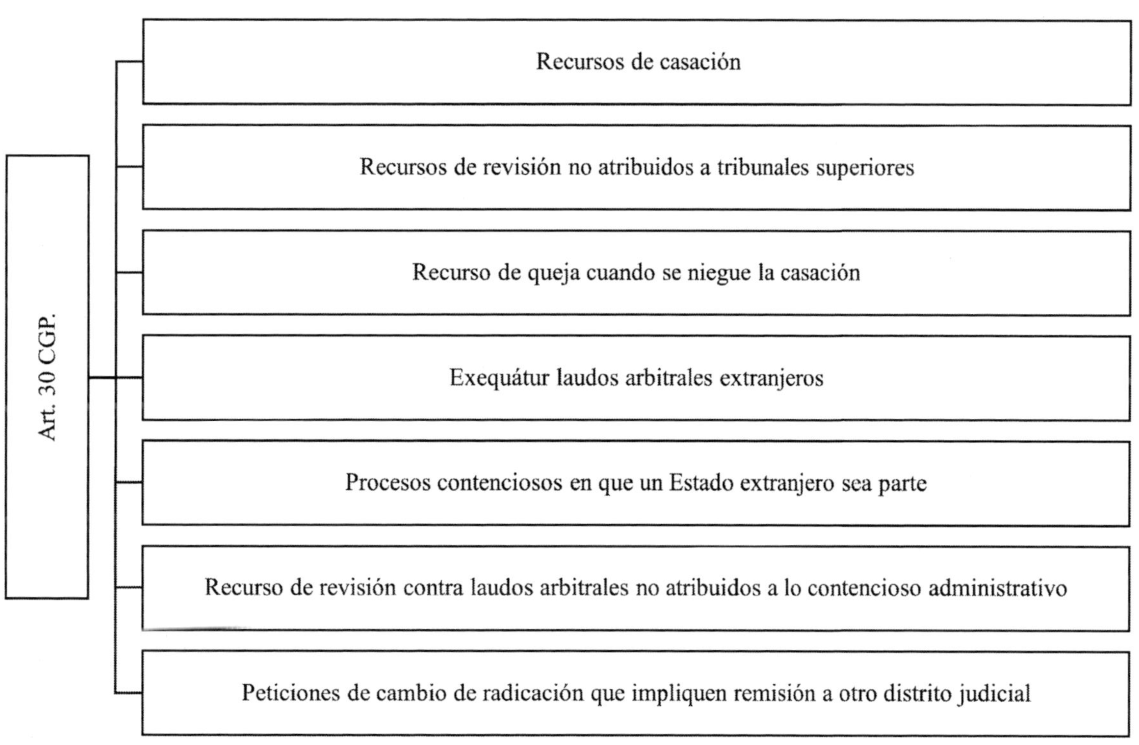

2.11. JURISDICCIÓN Y COMPETENCIA:

Competencia de las Salas Civiles de los Tribunales Superiores

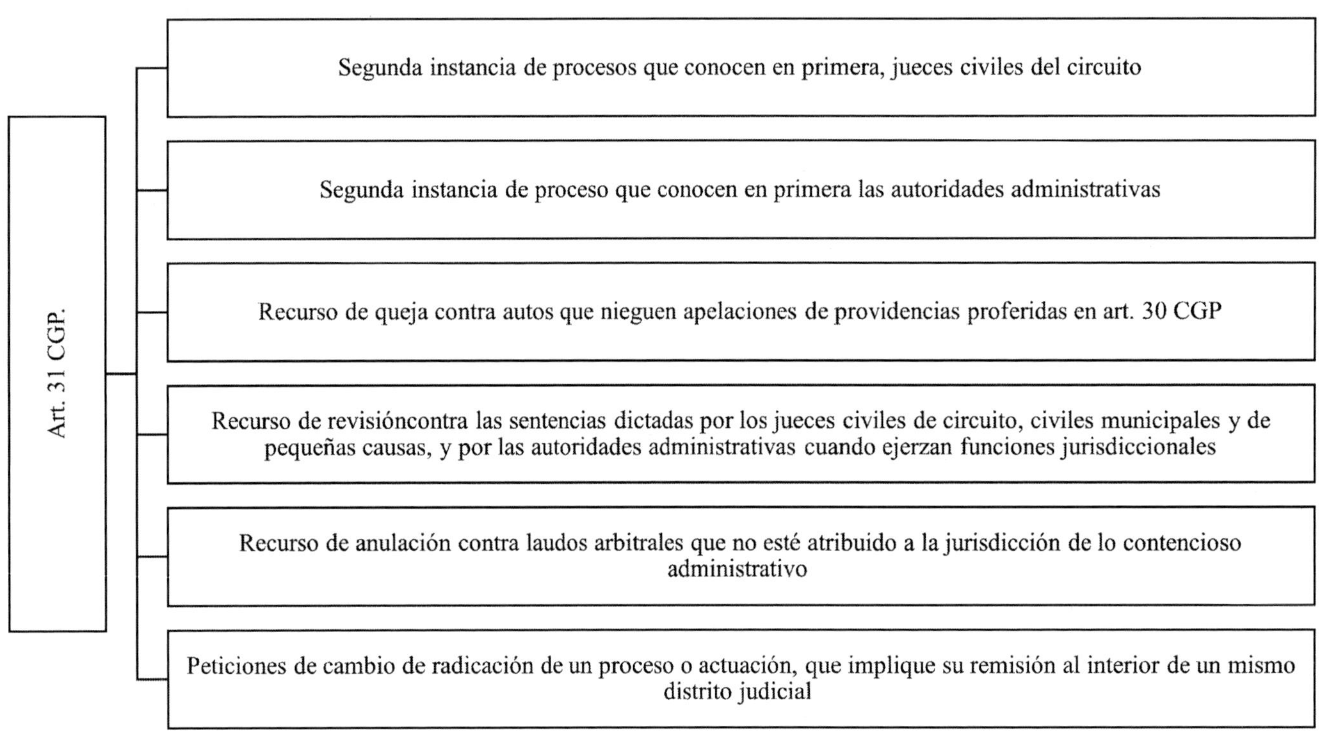

2.12. JURISDICCIÓN Y COMPETENCIA:

Deberes del juez (Art. 42 CGP):

- Dirigir el proceso, velar por su rápida solución, presidir las audiencias.
- Hacer efectiva la igualdad de partes en el proceso
- Prevenir, remediar, sancionar o denunciar, los actos contrarios a la dignidad de la justicia, lealtad, probidad y buena fe
- Pruebas de oficio para verificar hechos alegados por las partes
- Sanear los vicios de procedimiento o precaverlos
- Decidir aunque no haya ley exactamente aplicable al caso controvertido
- Motivar la sentencia y las demás providencias, salvo los autos de mero trámite.
- Dictar las providencias dentro de los términos legales
- Guardar reserva sobre decisiones que se deban dictar en los procesos
- Presidir el reparto
- Verificar con el secretario las cuestiones relativas al proceso
- Realizar el control de legalidad agotada cada etapa del proceso.
- Usar la toga en las audiencias
- Usar el Plan de Justicia Digital
- Los demás consagrados en la ley

2.13. JURISDICCIÓN Y COMPETENCIA:

Comisión Art. 37 CGP

La comisión solo podrá conferirse para la práctica de pruebas en los casos que autoriza el artículo 171, para la de otras diligencias que deban surtirse fuera de la sede del juez del conocimiento, y para secuestro y entrega de bienes en dicha sede, en cuanto fuere menester.

No podrá comisionarse para la práctica de medidas cautelares extraprocesales.

La comisión podrá consistir en la solicitud, por cualquier vía expedita, de auxilio a otro servidor público para que realice las diligencias necesarias que faciliten la práctica de las pruebas por medio de videoconferencia, teleconferencia o cualquier otro medio idóneo de comunicación simultánea.

2.14. JURISDICCIÓN Y COMPETENCIA:

Conflicto de jurisdicción y competencia

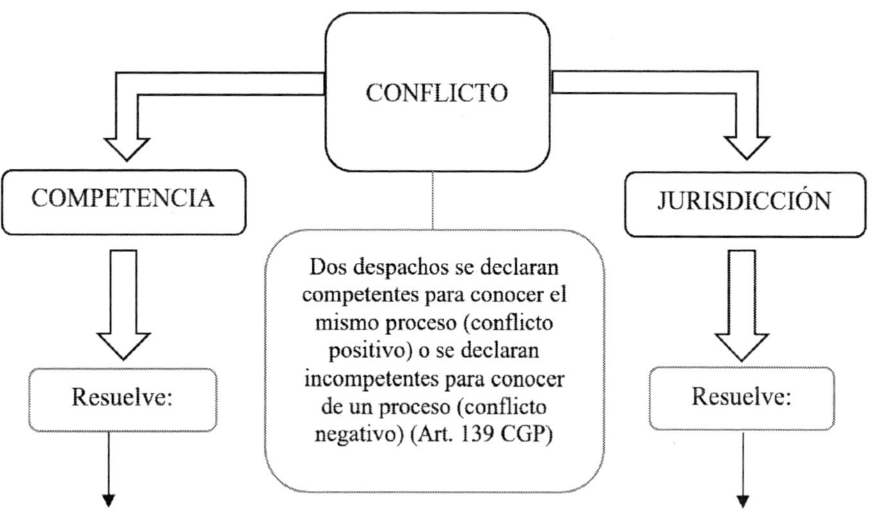

Situación	Superior Común
Despachos de rango municipal localizados en el mismo circuito	Juez del circuito
Despachos de diferente circuito localizados en el mismo distrito	Tribunal Superior del Distrito
Despachos localizados en diferentes distritos	Corte Suprema de Justicia

Conflicto entre:	Resuelve
Jurisdicción ordinaria y especial	Corte Constitucional
Jurisdicción especial y especial	Corte Constitucional
Jurisdicción ordinaria y ordinaria	Superior Común

2.15. TABLA JURISPRUDENCIAL

TEMA	SENTENCIA
Cláusula general o residual de competencia	Colombia. Corte Suprema de Justicia. Sala Plena. Auto APL1218-2021. 4 de marzo de 2021.
Conflicto de competencia	Colombia. Corte Suprema de Justicia. Sala de Casación Laboral. Sentencia STL428-2023. 2 de febrero de 2023.
Factores de competencia	Colombia. Corte Suprema de Justicia. Sala de Casación Penal. Sentencia STP16829-2022. 1 de diciembre de 2022.
	Colombia. Corte Suprema de Justicia. Sala de Casación Civil y Agraria. Sentencia STC5414-2021. 14 de mayo de 2021.
	Colombia. Corte Suprema de Justicia. Sala de Casación Civil y Agraria. Sentencia STC170-2020. 22 de enero de 2020.
Factores determinantes de la jurisdicción y competencia	Colombia. Corte Suprema de Justicia. Sala Plena. Auto APL4537-2022. 18 de octubre de 2022.
Prorrogabilidad de la competencia	Colombia. Corte Suprema de Justicia. Sala de Casación Civil y Agraria. Sentencia STC12604-2022. 22 de septiembre de 2022.
	Colombia. Corte Suprema de Justicia. Sala de Casación Civil y Agraria. Sentencia STC13420-2018. 17 de octubre de 2018.

Concepto de jurisdicción y competencia	Colombia. Corte Suprema de Justicia. Sala de Casación Laboral. Auto AL4122-2022. 10 de agosto de 2022.
	Colombia. Corte Suprema de Justicia. Sala Plena. Auto APL1531-2018. 12 de abril de 2018.
Aspectos que componen la competencia	Colombia. Corte Suprema de Justicia. Sala de Casación Civil y Agraria. Sentencia STC6496-2022. 26 de mayo de 2022.
Estructura del Estado	Colombia. Corte Suprema de Justicia. Sala de Casación Penal. Sentencia STP7074. 24 de mayo de 2022.
Competencia territorial	Colombia. Corte Suprema de Justicia. Sala de Casación Civil y Agraria. Sentencia STC15561-2021. 17 de noviembre de 2021.
	Colombia. Corte Suprema de Justicia. Sala de Casación Civil y Agraria. Sentencia STC4444-2021. 28 de enero de 2021.
	Colombia. Corte Suprema de Justicia. Sala de Casación Laboral. Sentencia STL14665-2019. 23 de enero de 2019.
Reglas de reparto en acciones de tutela	Colombia. Corte Suprema de Justicia. Sala de Casación Laboral. Auto ATL941-2021. 30 de junio de 2021.
	Colombia. Corte Suprema de Justicia. Sala de Casación Penal. Auto ATP596-2021. 6 de abril de 2021.
Ejercicio de funciones jurisdiccionales por autoridades administrativas	Colombia. Corte Suprema de Justicia. Sala de Casación Civil y Agraria. Sentencia STC4173-2023. 21 de abril de 2021.
	Colombia. Corte Constitucional. Sentencia C-318 de 2023. Comunicado No. 29 del 15 de agosto de 2023.

TEMA 3

Partes, representantes y apoderados

3.1. CAPACIDAD Y REPRESENTACIÓN:

Partes, representantes y apoderados

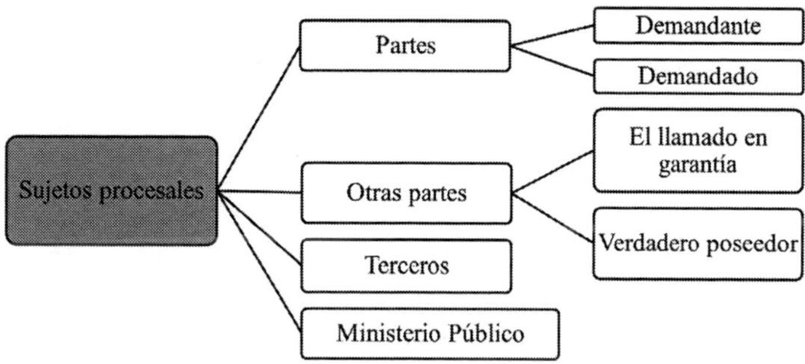

Art. 53 CGP:

"Podrán ser parte en un proceso:

1. Las personas naturales o jurídicas.
2. Los patrimonios autónomos.
3. El concebido, para la defensa de sus derechos.
4. Los demás que determine la ley."

3.2. LITISCONSORTES Y OTRAS PARTES:

Modalidades del litisconsorcio

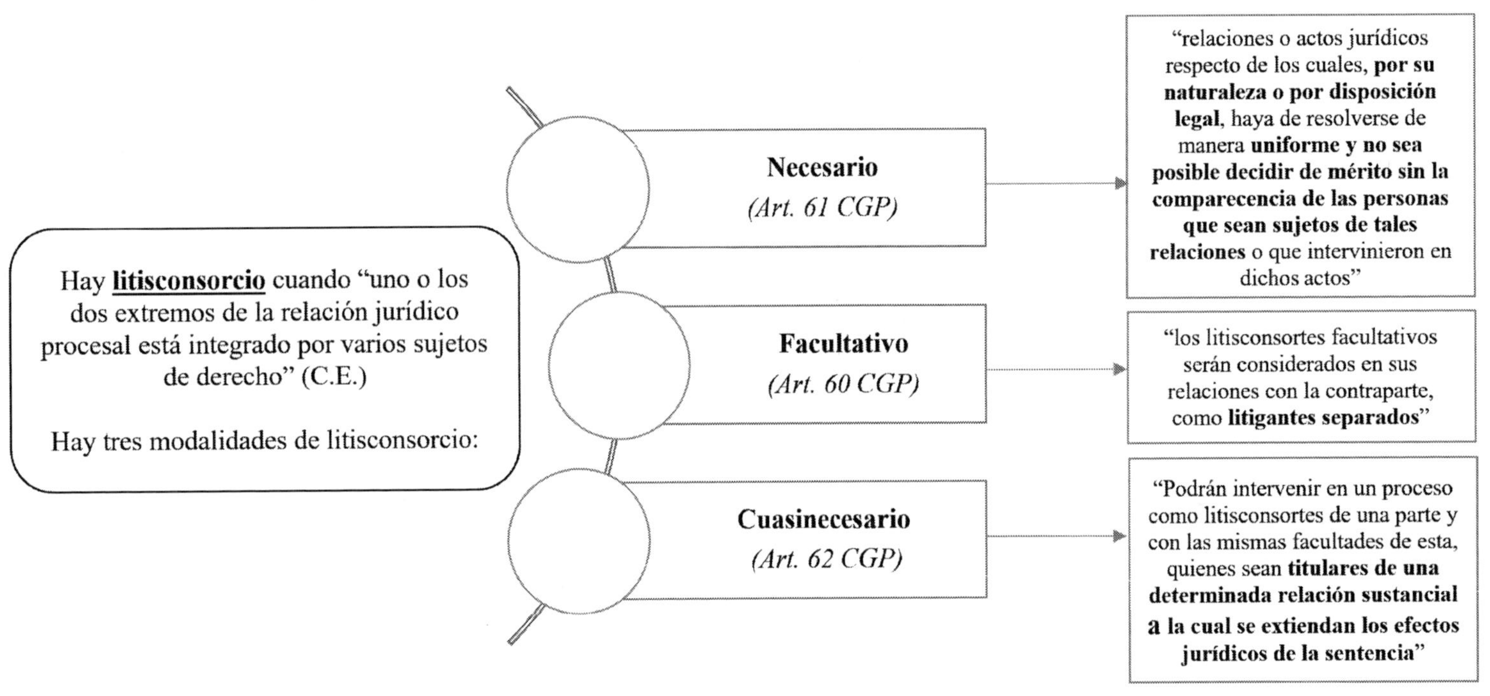

3.3. LITISCONSORTES Y OTRAS PARTES:
Consecuencias procesales de los litisconsorcios

	Necesario	Facultativo	Cuasinecesario
Efectos de la sentencia	La sentencia es uniforme para todos.	La sentencia no es igual para todos.	La sentencia es uniforme para todos.
Recursos	Si uno de los sujetos presenta un recurso, ese recurso beneficia todos los sujetos	Si uno de los sujetos presenta un recurso, ese recurso solo beneficia al sujeto que lo presenta.	Si uno de los sujetos presenta un recurso, ese recurso beneficia todos los sujetos
Pruebas	Todos los sujetos que integran la parte se benefician de las pruebas.	Si una prueba implica solo el hecho particular de uno de los sujetos, esa prueba solo beneficia al sujeto que la presenta.	Por haber unidad jurídica de parte, todos los sujetos que integran la parte se benefician de las pruebas.

3.4. LITISCONSORTES Y OTRAS PARTES:

Integración del contradictorio

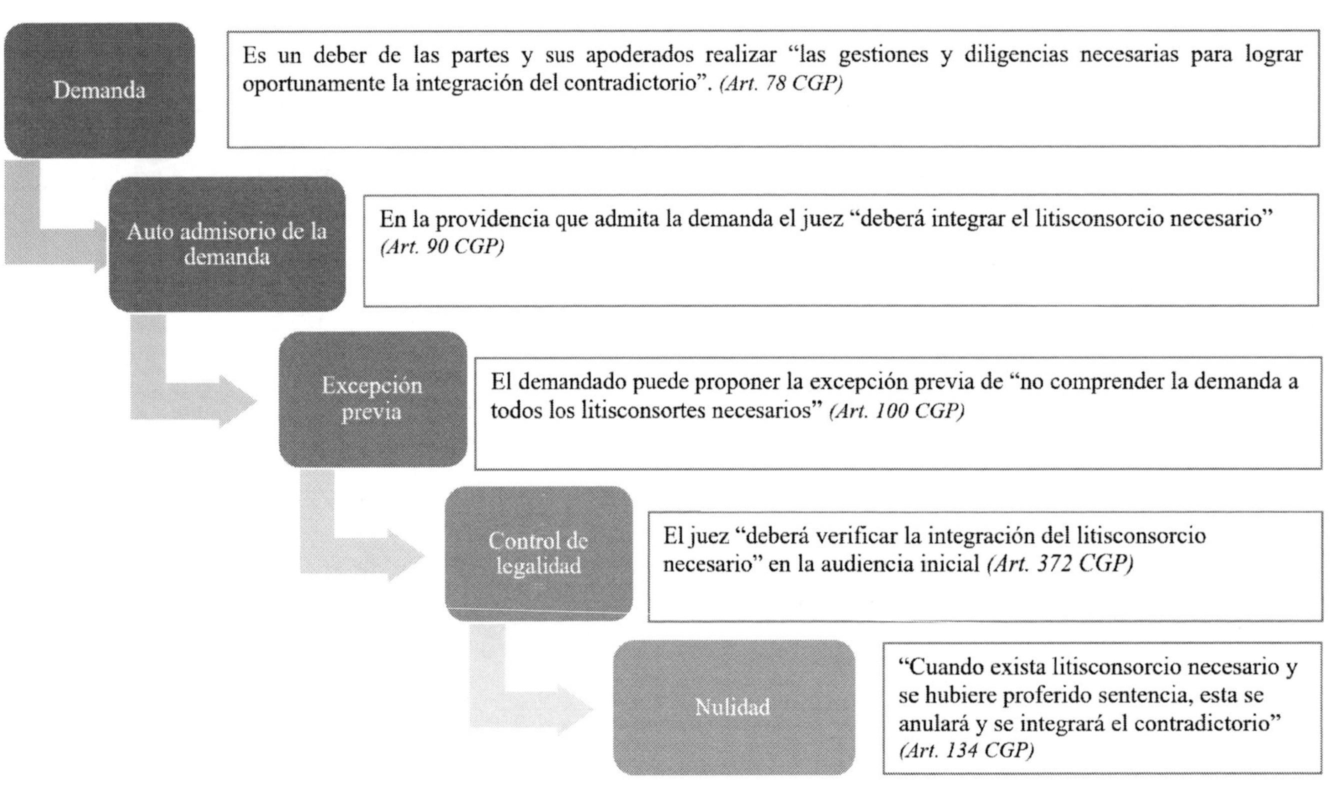

3.5. APODERADOS:
Derecho de postulación

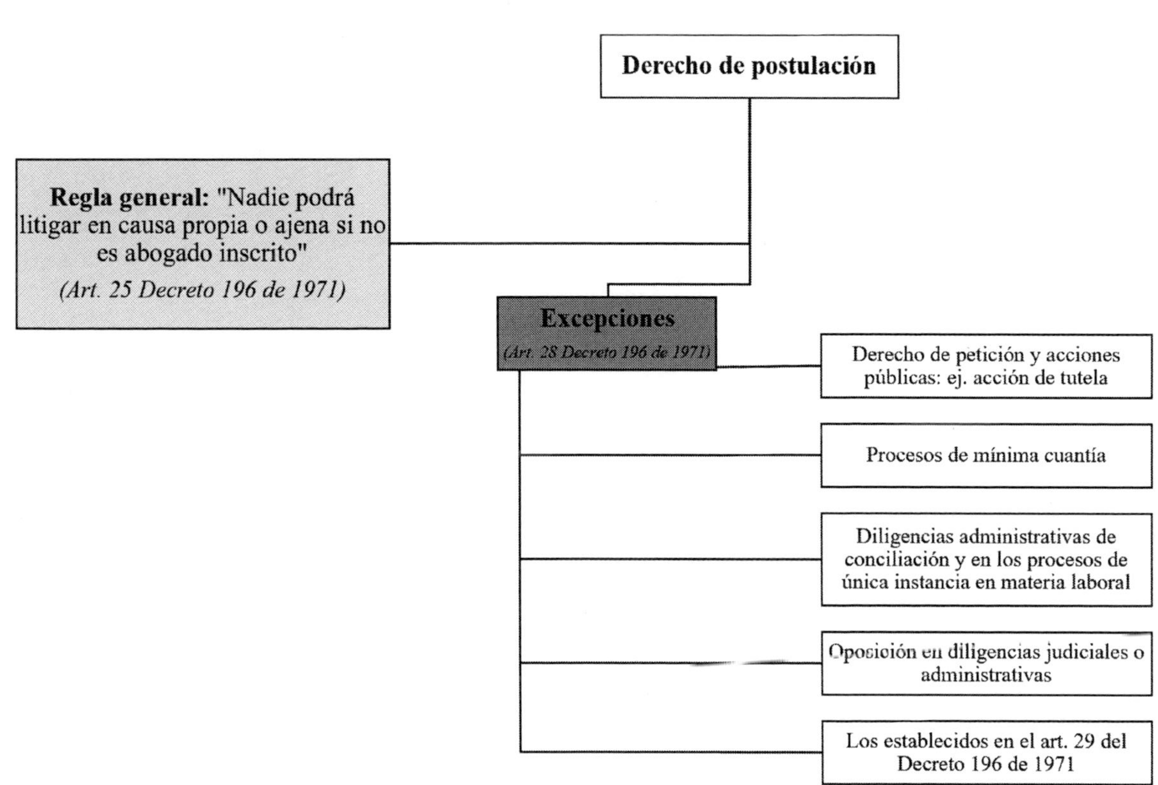

3.6. APODERADOS:

El poder

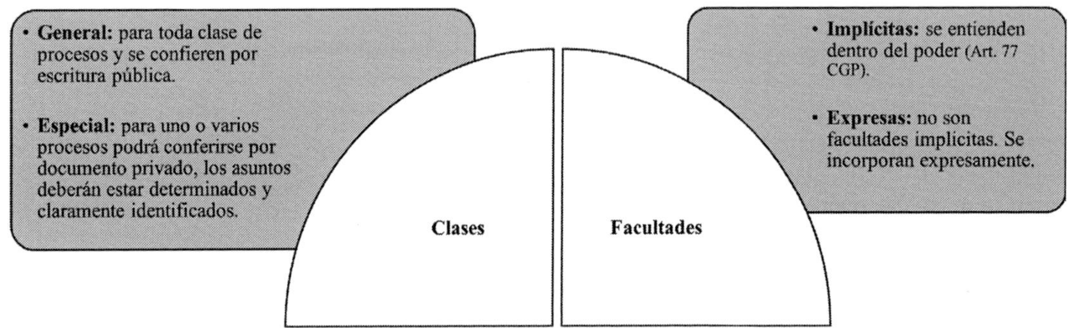

Art. 5. L. 2213/22:

"Los poderes especiales para cualquier actuación judicial se podrán conferir mediante mensaje de datos, sin firma manuscrita o digital, con la sola antefirma [...]

En el poder se indicará expresamente la dirección de correo electrónico del apoderado que deberá coincidir con la inscrita en el Registro Nacional de Abogados.

Los poderes otorgados por personas inscritas en el registro mercantil deberán ser remitidos desde la dirección de correo electrónico inscrita para recibir notificaciones judiciales."

3.7. APODERADOS:

Sustitución y terminación del poder

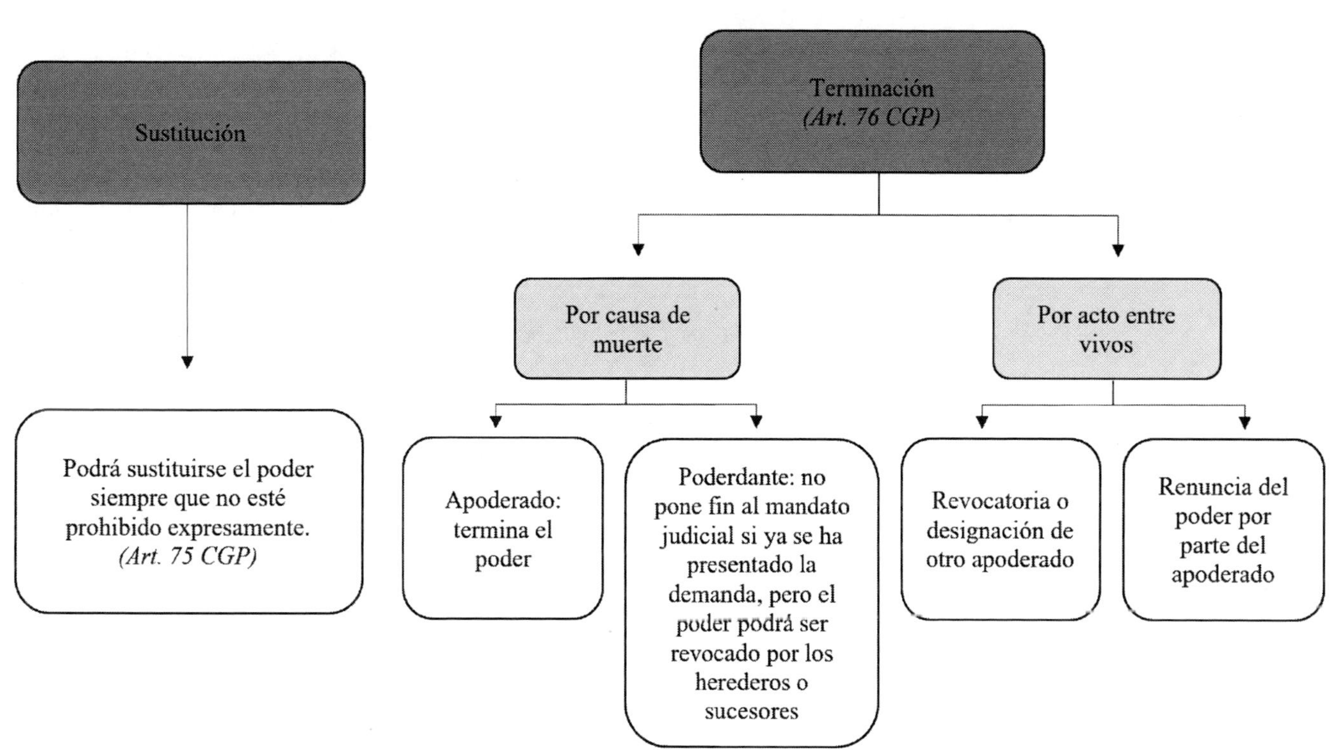

3.8. APODERADOS

TEMA	SENTENCIA
Modalidades del litisconsorcio	Colombia. Corte Suprema de Justicia. Sala de Casación Civil y Agraria. Sentencia SC200-2023. 10 de julio de 2023.
Litisconsorcio necesario	Colombia. Corte Suprema de Justicia. Sala de Casación Civil y Agraria. Sentencia STC6917-2019. 31 de mayo de 2019.
	Colombia. Corte Suprema de Justicia. Sala de Casación Laboral. Sentencia STL10801-2022. 29 de julio de 2022.
	Colombia. Corte Suprema de Justicia. Sala de Casación Laboral. Sentencia STL17105-2021. 9 de diciembre de 2021.
Litisconsorcio facultativo	Colombia. Corte Suprema de Justicia. Sala de Casación Laboral. Auto AL1514-2016. 16 de marzo de 2016.
Integración del contradictorio	Colombia. Corte Suprema de Justicia. Sala de Casación Laboral. Auto ATL208-2023. 23 de agosto de 2023.
Derecho de postulación	Colombia. Corte Suprema de Justicia. Sala de Casación Penal. Sentencia STP7757-2023. 1 de agosto de 2023.

Poderes	Colombia. Corte Suprema de Justicia. Sala de Casación Laboral. Sentencia STL7202-2023. 19 de julio de 2023.
	Colombia. Corte Suprema de Justicia. Sala de Casación Civil y Agraria. Sentencia STC11677-2023. 18 de octubre de 2023.
	Colombia. Corte Suprema de Justicia. Sala de Casación Civil y Agraria. Sentencia STC8861-2023. 6 de septiembre de 2023.
	Colombia. Corte Suprema de Justicia. Sala de Casación Civil y Agraria. Sentencia STC3964-2023. 26 de abril de 2023.
	Colombia. Corte Suprema de Justicia. Sala de Casación Civil y Agraria. Sentencia STC3134-2023. 29 de marzo de 2023.
	Colombia. Corte Suprema de Justicia. Sala de Casación Civil y Agraria. Sentencia STC8924-2022. 14 de julio de 2022.
	Colombia. Corte Suprema de Justicia. Sala de Casación Civil y Agraria. Sentencia STC12602-2021. 24 de septiembre de 2021.
Sustitución de poder	Colombia. Corte Suprema de Justicia. Sala de Casación Civil y Agraria. Sentencia STC6426-2023. 5 de julio de 2023.

TEMA 4

Demanda

4.1. DEMANDA:

Requisitos de la demanda

Art. 82 CGP Y Art. 6 L. 2213/2022		
	Designación juez.	
	Nombre, identificación y domicilio de las partes, representantes o apoderados.	Si se desconoce se debe precisar la circunstancia.
	Las demandas se presentarán en forma de mensaje de datos.	En los correos electrónicos que el Consejo Superior de la Judicatura disponga.
	Pretensiones.	
	Hechos que fundamentan las pretensiones.	
	Petición de pruebas.	
	Juramento estimatorio.	Cuando sea necesario.

	Fundamentos de derecho.
	Cuantía del proceso.
	Dirección física y electrónica para las notificaciones personales.
	El demandante deberá enviar copia de la demanda y sus anexos a los demandados. También cuando al inadmitirse la demanda presente el escrito de subsanación.

4.2. DEMANDA:

Requisitos adicionales de la demanda

Art. 83 CGP

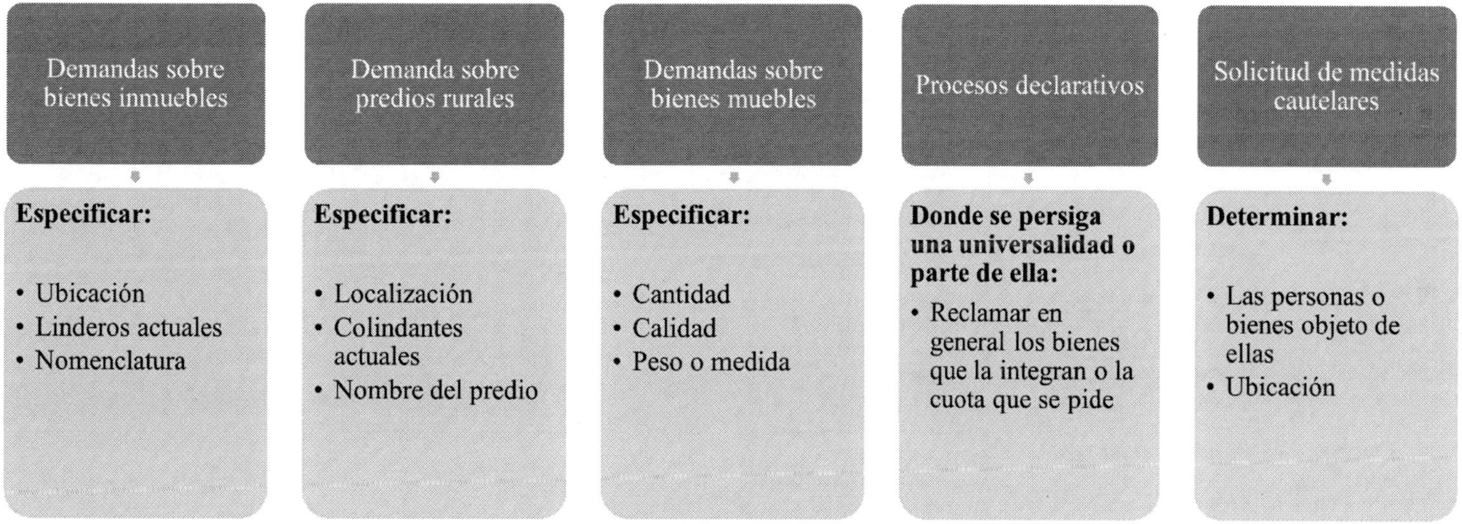

Demandas sobre bienes inmuebles

Especificar:

- Ubicación
- Linderos actuales
- Nomenclatura

Demanda sobre predios rurales

Especificar:

- Localización
- Colindantes actuales
- Nombre del predio

Demandas sobre bienes muebles

Especificar:

- Cantidad
- Calidad
- Peso o medida

Procesos declarativos

Donde se persiga una universalidad o parte de ella:

- Reclamar en general los bienes que la integran o la cuota que se pide

Solicitud de medidas cautelares

Determinar:

- Las personas o bienes objeto de ellas
- Ubicación

4.3. DEMANDA:

Anexos de la demanda

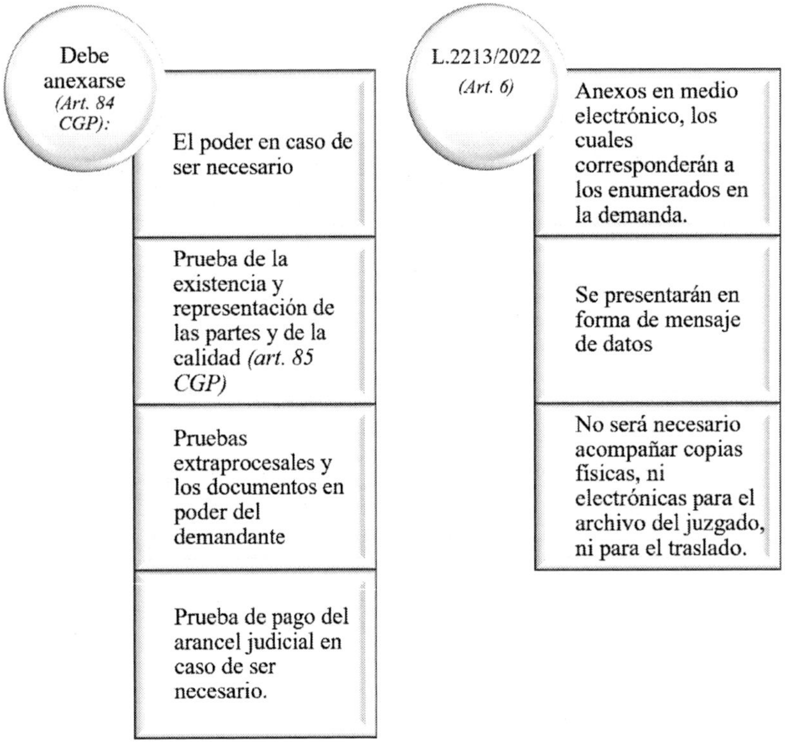

Debe anexarse *(Art. 84 CGP):*

- El poder en caso de ser necesario
- Prueba de la existencia y representación de las partes y de la calidad *(art. 85 CGP)*
- Pruebas extraprocesales y los documentos en poder del demandante
- Prueba de pago del arancel judicial en caso de ser necesario.

L.2213/2022 *(Art. 6)*

- Anexos en medio electrónico, los cuales corresponderán a los enumerados en la demanda.
- Se presentarán en forma de mensaje de datos
- No será necesario acompañar copias físicas, ni electrónicas para el archivo del juzgado, ni para el traslado.

4.4. CONTESTACIÓN DE LA DEMANDA:

Contenido (Art. 96 CGP)

Nombre, número de identificación y domicilio demandado	Pronunciamiento y razones sobre las pretensiones y hechos de la demanda	Excepciones de mérito
Petición de las pruebas	Lugar y correo electrónico para recibir notificaciones personales	Poder
Prueba de su existencia y representación	Documentos solicitados por el demandante que estén en poder del demandado o manifestar que no los tiene	Pruebas que pretenda hacer valer

4.5. TABLA JURISPRUDENCIAL

TEMA	SENTENCIA
Conciliación como requisito de procedibilidad	Colombia. Corte Suprema de Justicia. Sala de Casación Laboral. Sentencia STL16205-2023. 8 de noviembre de 2023.
Requisitos de la demanda	Colombia. Corte Suprema de Justicia. Sala de Casación Civil y Agraria. Sentencia STC11127-2022. 24 de agosto de 2022.
	Colombia. Corte Suprema de Justicia. Sala de Casación Laboral. Auto AL4050-2022. 22 de junio de 2022.
Interpretación de la demanda	Colombia. Corte Suprema de Justicia. Sala de Casación Civil y Agraria. Sentencia SC1971-2022. 12 de diciembre de 2022.
Anexos de la demanda	Colombia. Corte Suprema de Justicia. Sala de Casación Civil y Agraria. Sentencia STC482-2021. 29 de enero de 2021.
Contestación de la demanda	Colombia. Corte Suprema de Justicia. Sala de Casación Laboral. Sentencia STL17000-2023. 6 de diciembre de 2023.

TEMA 5

Providencias del Juez

5.1. PROVIDENCIAS JUDICIALES

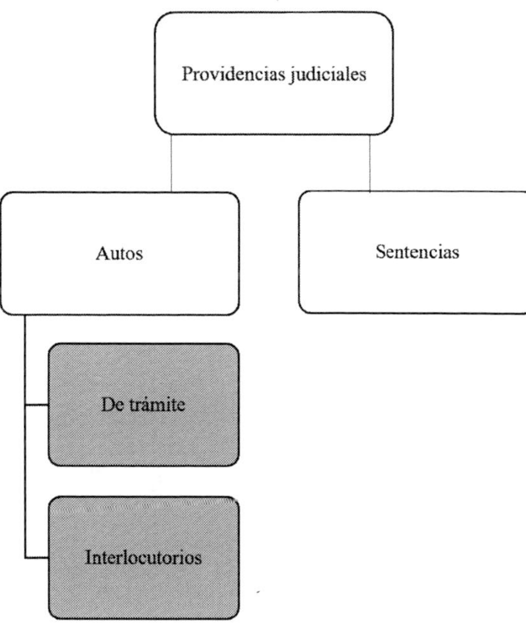

5.2. PROVIDENCIAS JUDICIALES:
Notificaciones I

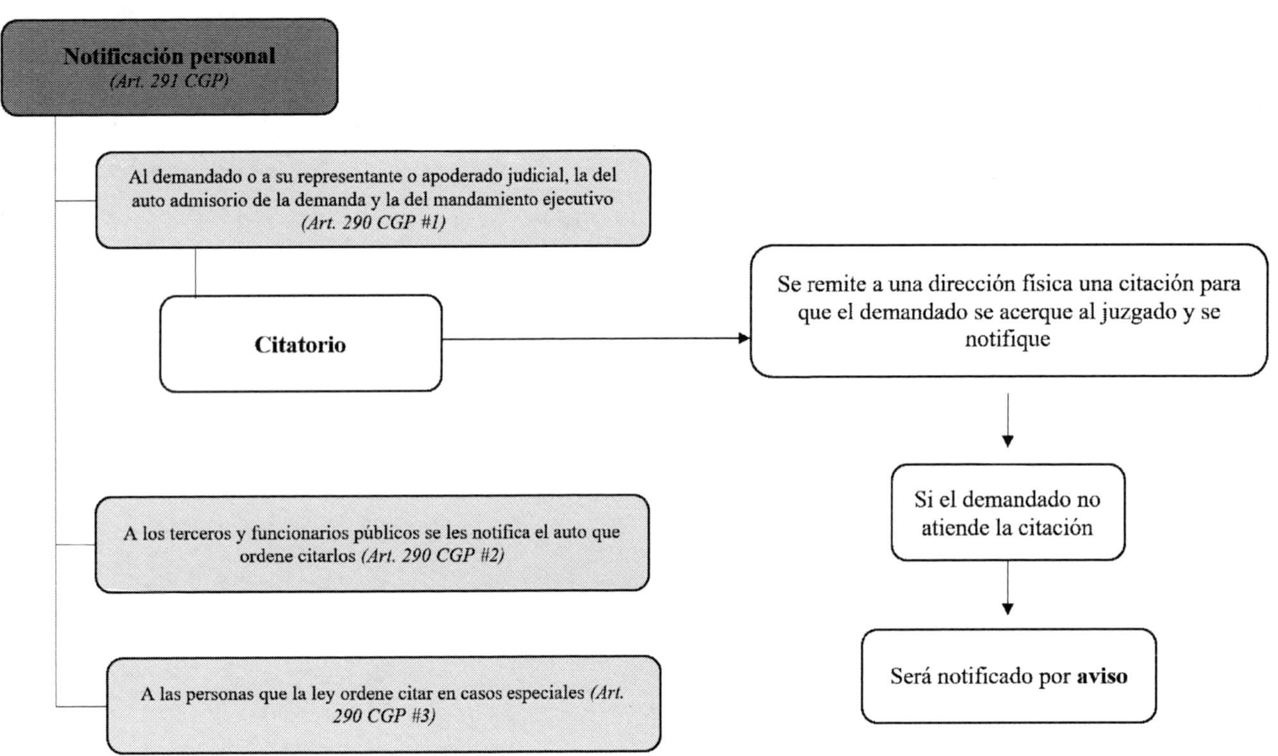

Notificación personal
(Art. 8 L. 2213/2022.)

Las notificaciones que deban hacerse personalmente también podrán efectuarse con el **envío de la providencia respectiva como mensaje de datos a la dirección electrónica o sitio que suministre el interesado en que se realice la notificación**, sin necesidad del envío de previa citación o aviso físico o virtual.

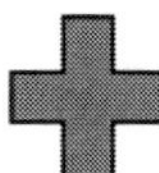

1. Afirmar bajo la gravedad del juramento, que la dirección electrónica o sitio suministrado corresponde al utilizado por la persona a notificar

2. Informar la forma como la obtuvo

3. Allegar las evidencias correspondientes, particularmente las comunicaciones remitidas a la persona por notificar.

La notificación personal se entenderá realizada una vez transcurridos dos días hábiles siguientes al envío del mensaje y los términos empezarán a contarse cuando el iniciador manifieste acuse de recibo o se pueda por otro medio constatar el acceso del destinatario al mensaje

5.3. PROVIDENCIAS JUDICIALES:
Notificaciones II

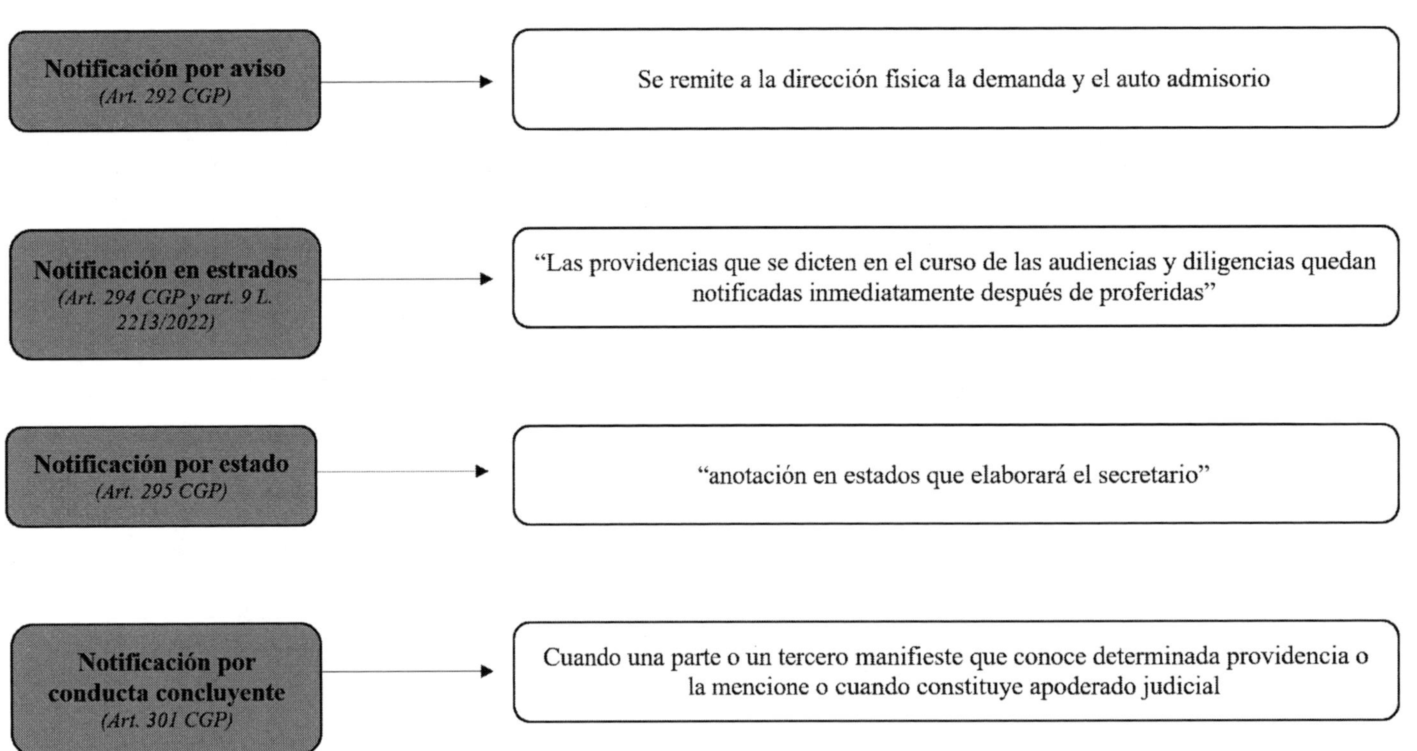

5.4. TABLA JURISPRUDENCIAL

TEMA	SENTENCIA
Clasificación de providencias judiciales	Colombia. Corte Suprema de Justicia. Sala de Casación Penal. Sentencia STP6876-2023. 22 de junio de 2023.
	Colombia. Corte Suprema de Justicia. Sala de Casación Civil y Agraria. Sentencia STC3566-2020. 1 de junio de 2020.
Motivación de las sentencias	Colombia. Corte Suprema de Justicia. Sala de Casación Civil y Agraria. Sentencia STC2689-2023. 22 de marzo de 2023.
Notificación de providencias por estado	Colombia. Corte Suprema de Justicia. Sala de Casación Civil, Agraria y Rural. Sentencia STC13399-2023. 30 de noviembre de 2023.
Notificación personal	Colombia. Corte Suprema de Justicia. Sala de Casación Civil, Agraria y Rural. Sentencia STC12816-2023. 16 de noviembre de 2023.
	Colombia. Corte Suprema de Justicia. Sala de Casación Laboral. Sentencia STL16392-2023. 15 de noviembre de 2023.
	Colombia. Corte Suprema de Justicia. Sala de Casación Civil, Agraria y Rural. Sentencia STC11535-2023. 20 de octubre de 2023.
	Colombia. Corte Suprema de Justicia. Sala de Casación Penal. Sala de Decisión en Tutelas No. 3. Sentencia STP12340-2023. 19 de octubre de 2023.
	Colombia. Corte Suprema de Justicia. Sala de Casación Civil, Agraria y Rural. Sentencia STC10692-2023. 29 de septiembre de 2023.

	Colombia. Corte Suprema de Justicia. Sala de Casación Civil, Agraria y Rural. Sentencia STC8435-2023. 23 de agosto de 2023.
	Colombia. Corte Suprema de Justicia. Sala de Casación Civil y Agraria. Sentencia STC4737-2023. 18 de mayo de 2023.
	Colombia. Corte Suprema de Justicia. Sala de Casación Civil y Agraria. Sentencia STC4204-2023. 3 de mayo de 2023.
	Colombia. Corte Suprema de Justicia. Sala de Casación Civil y Agraria. Sentencia STC16733-2023. 12 de diciembre de 2022.
Traslados	Colombia. Corte Suprema de Justicia. Sala de Casación Civil, Agraria y Rural. Sentencia STC11606-2023. 18 de octubre de 2023.

TEMA 6

Medios de impugnación

6.1. RECURSOS:

Concepto

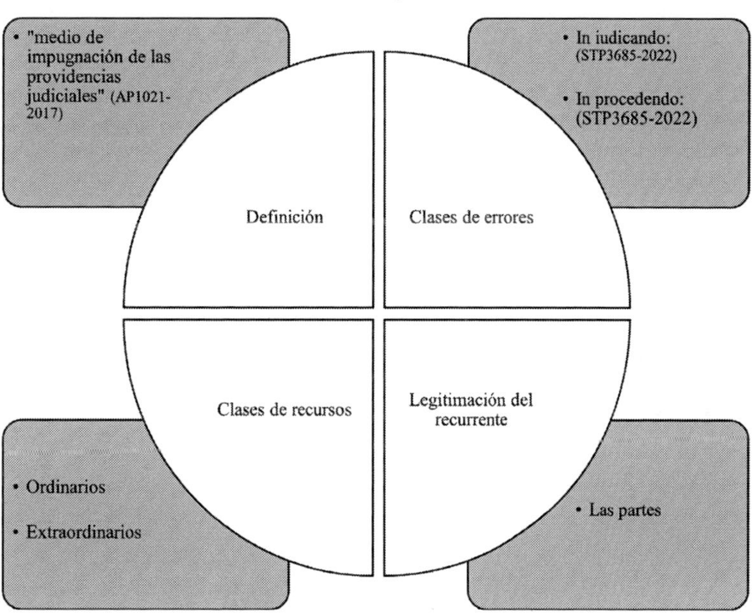

6.2. RECURSO DE REPOSICIÓN:

Concepto

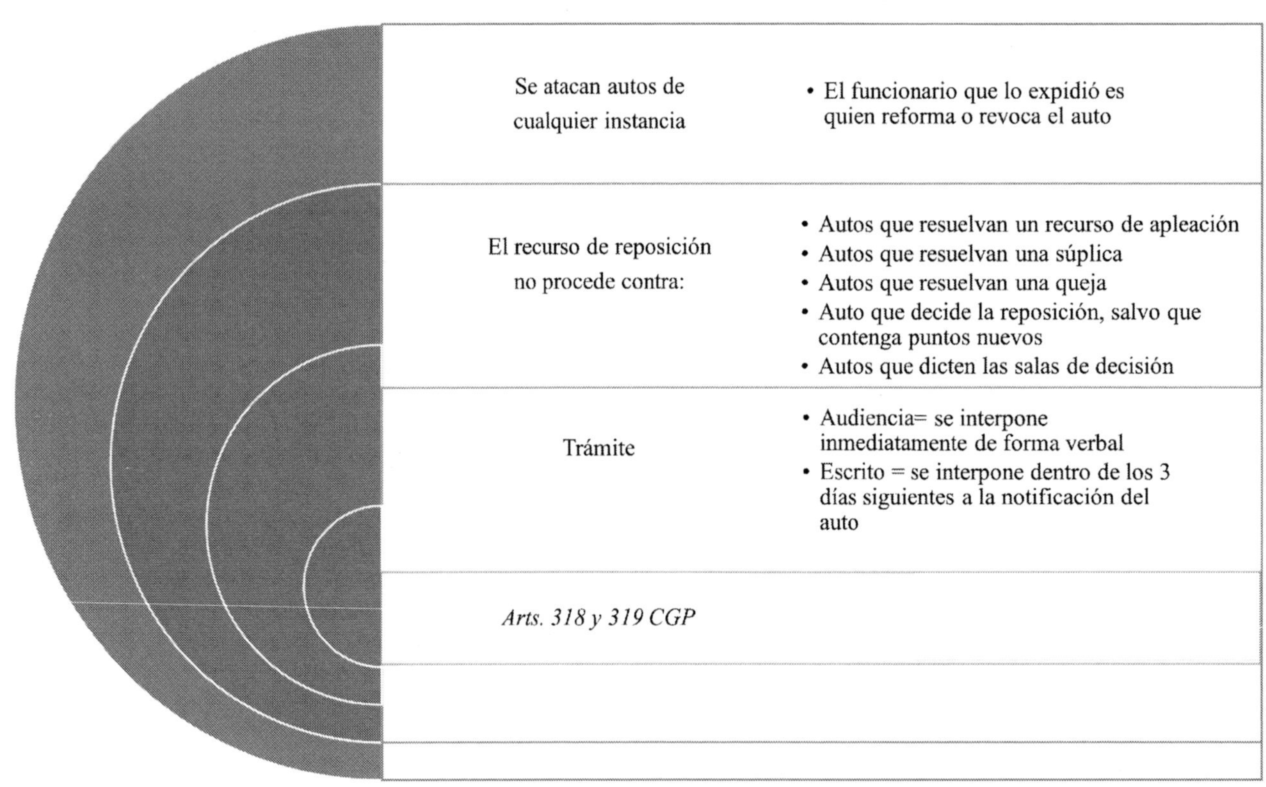

6.3. RECURSO DE APELACIÓN:

Concepto arts. 320-330 CGP

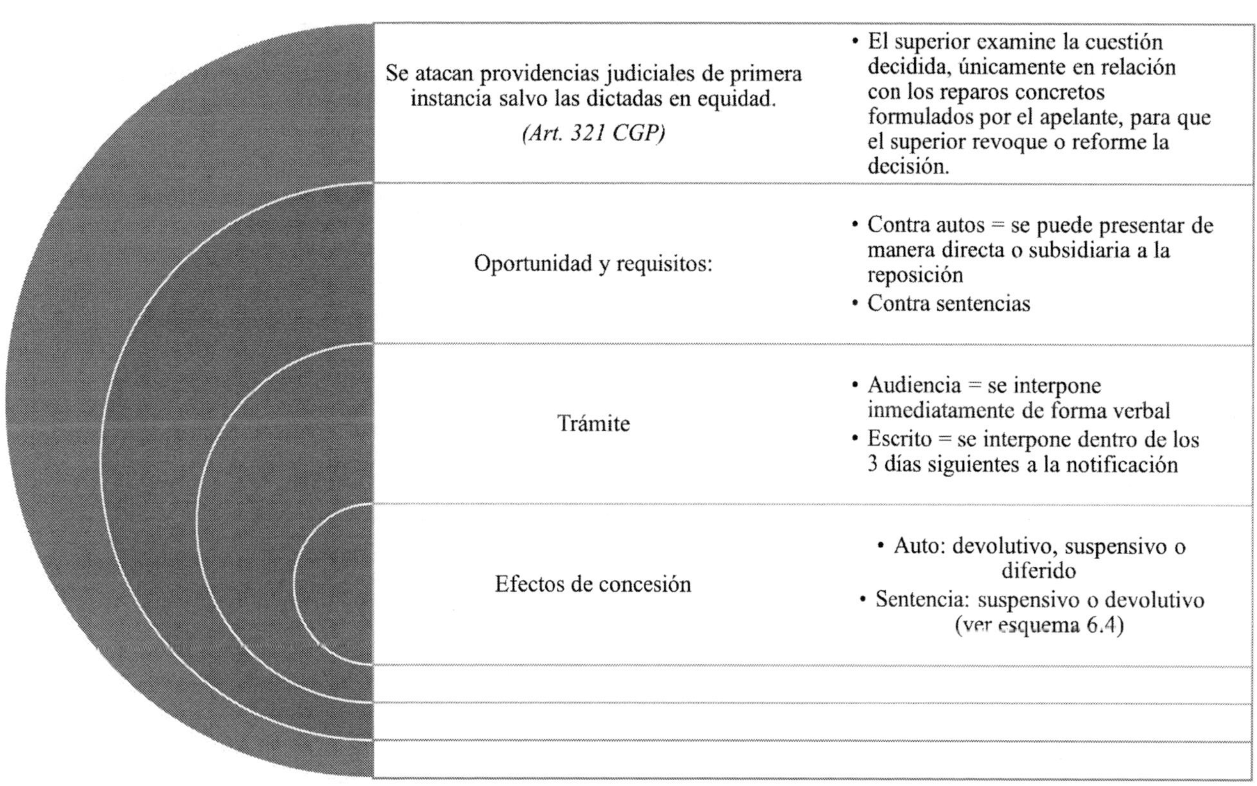

6.4. RECURSO DE APELACIÓN:

Efectos de concesión art. 323 CGP

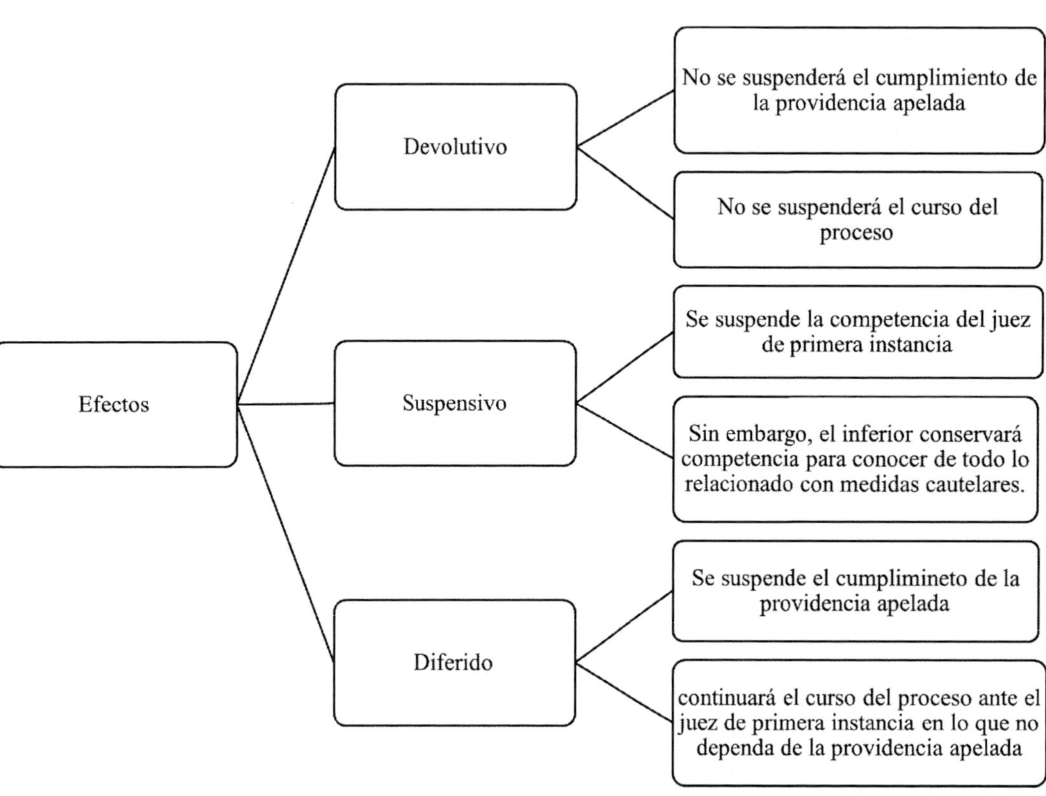

6.5. RECURSO DE SÚPLICA:

Concepto

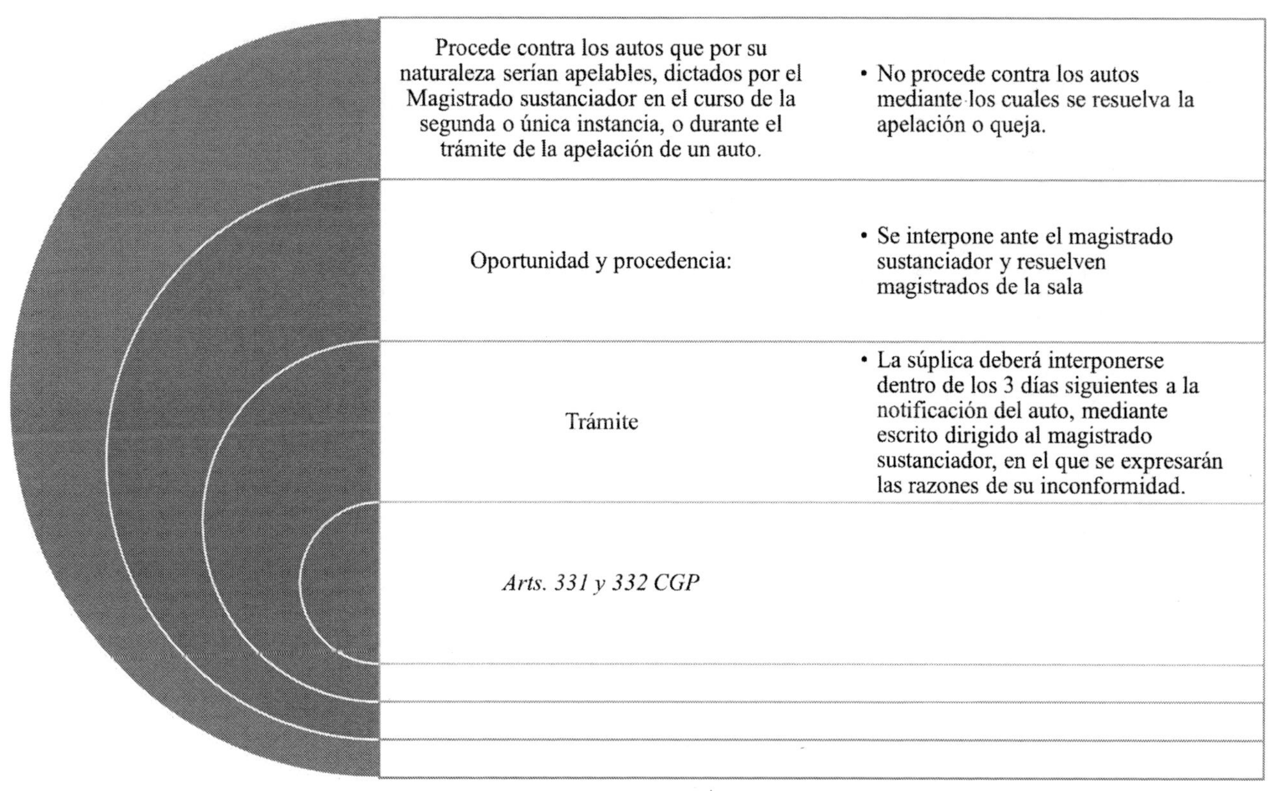

6.6. RECURSO DE CASACIÓN:

Concepto arts. 333-351 CGP

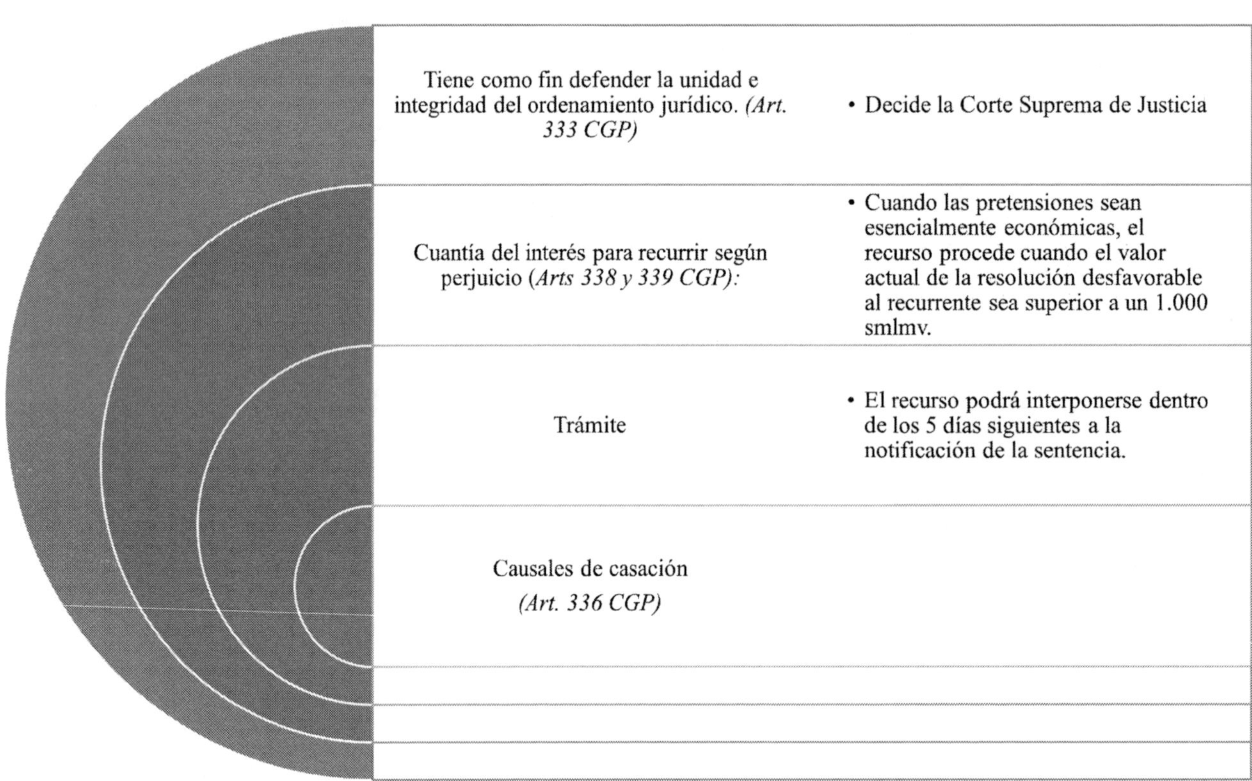

6.7. RECURSO DE QUEJA:

Concepto

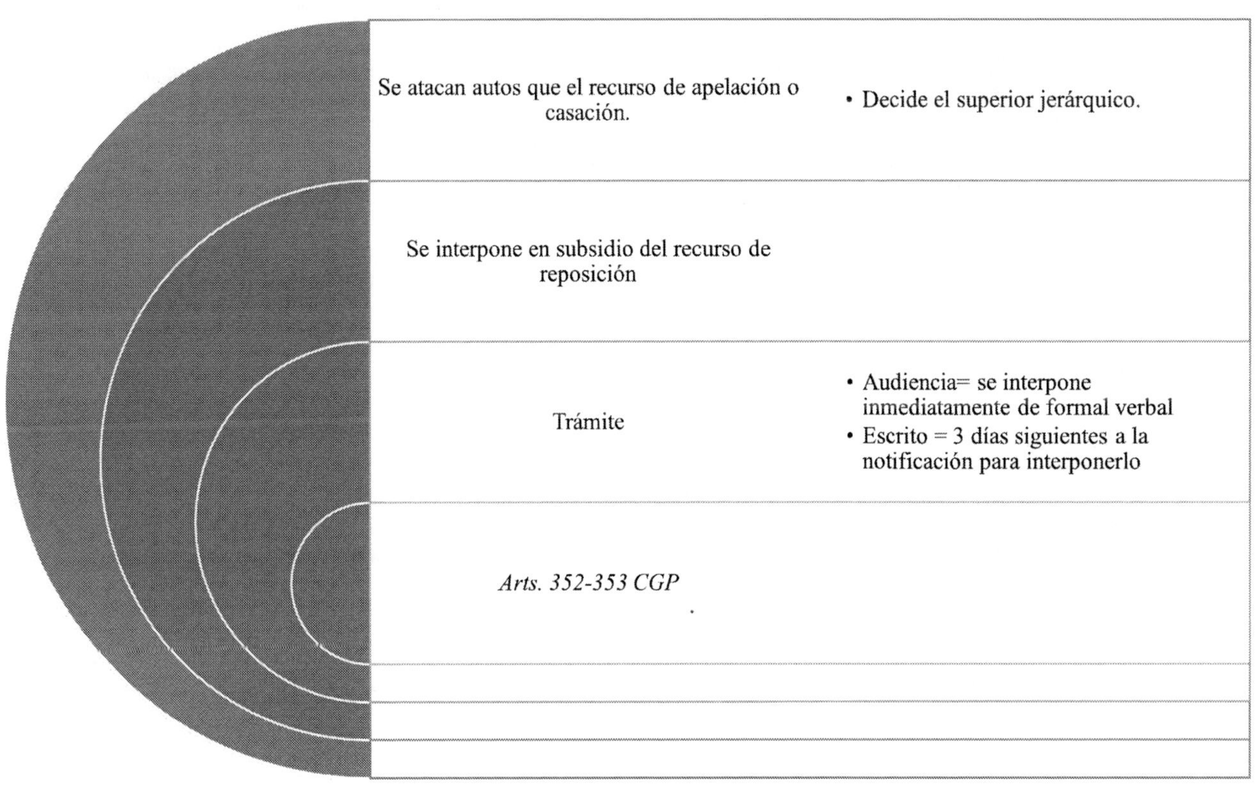

6.8. RECURSO DE REVISIÓN:

Concepto arts. 354-360 CGP

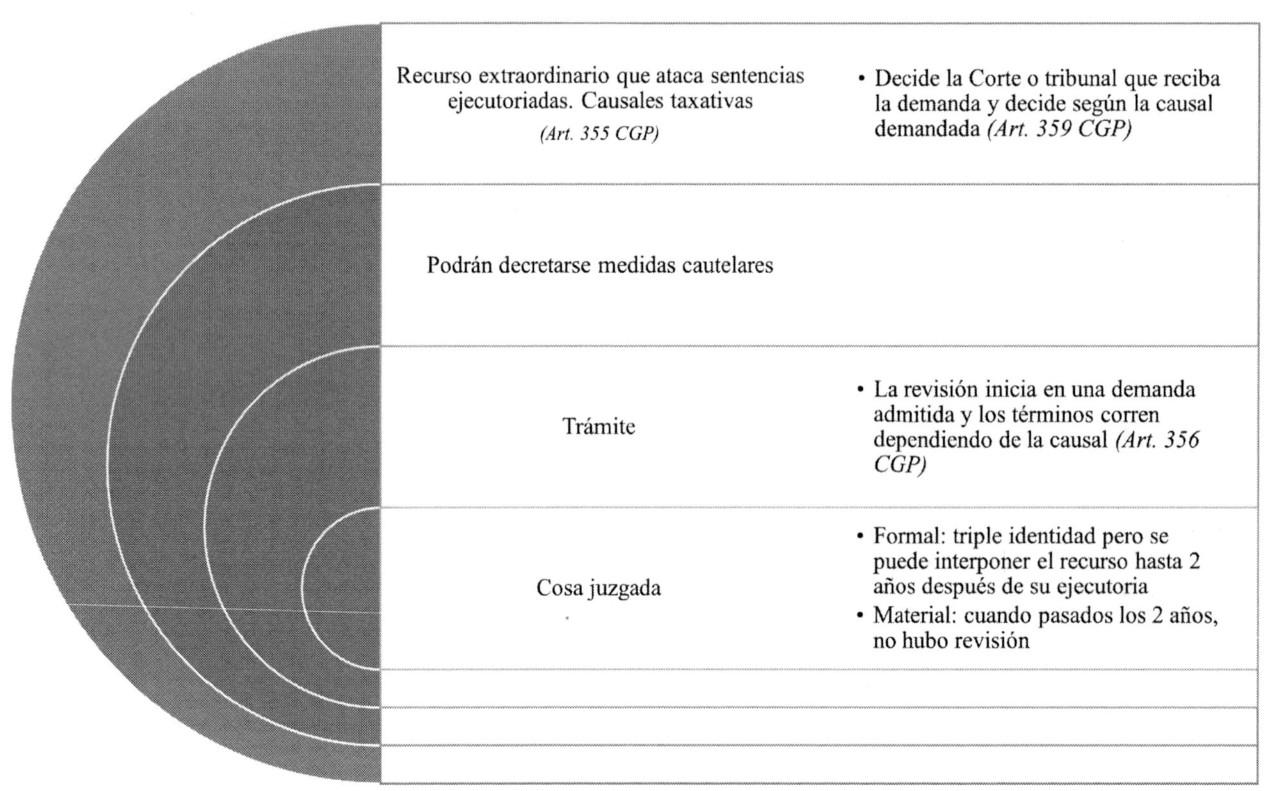

6.9. ANULACIÓN DE LAUDOS:

Arbitraje: causales de anulación de laudos[2]

1. Inexistencia, invalidez o inoponibilidad del pacto arbitral.

2. La caducidad de la acción, la falta de jurisdicción o competencia.

3. No haberse constituido el tribunal en forma legal.

4. Estar el recurrente en alguno de los casos de indebida representación, o falta de notificación o emplazamiento, siempre que no se hubiere saneado la nulidad.

5. Haberse negado el decreto de una prueba pedida oportunamente o haberse dejado de practicar una prueba decretada, sin fundamento legal, siempre y cuando se hubiere alegado la omisión oportunamente mediante el recurso de reposición y aquélla pudiera tener incidencia en la decisión.

6. Haberse proferido el laudo o la decisión sobre su aclaración, adición o corrección después del vencimiento del término fijado para el proceso arbitral.

7. Haberse fallado en conciencia o equidad, debiendo ser en derecho, siempre que esta circunstancia aparezca manifiesta en el laudo

8. Contener el laudo disposiciones contradictorias, errores aritméticos, errores por omisión, cambio de palabras o alteración de éstas, siempre que estén comprendidas en la parte resolutiva o influyan en ella y hubieran sido alegados oportunamente ante el tribunal arbitral

9. Haber recaído el laudo sobre aspectos no sujetos a la decisión de los árbitros, haber concedido más de lo pedido o no haber decidido sobre cuestiones sujetas al arbitramento.

---

[2] Las causales 1, 2 y 3 sólo podrán invocarse si el recurrente hizo valer los motivos constitutivos de ellas mediante recurso de reposición contra el auto de asunción de competencia (Art. 41. L. 1563/2012)
La causal 6 no podrá ser alegada en anulación por la parte que no la hizo valer oportunamente ante el tribunal de arbitramento, una vez expirado el término.

6.10. ACLARACIÓN, ADICIÓN Y COMPLEMENTACIÓN

Aclaración (Art. 285 CGP)	Adición (Art. 287 CGP)	Corrección (Art. 286 CGP)
Sentencia no es revocable ni reformable por el juez que la pronunció. Procederá de oficio o a petición de parte formulada dentro del término de ejecutoria de la providencia.	Cuando la sentencia omita resolver sobre cualquier punto que debía ser objeto de pronunciamiento, deberá adicionarse por medio de sentencia complementaria dentro del término de ejecutoria.	Toda providencia en la que se haya incurrido en un error puramente aritmético puede ser corregida por el juez que la dictó en cualquier momento mediante auto.
Si contiene conceptos que ofrecen duda.	Puede ser de oficio o a petición de parte.	Puede ser de oficio o a petición de parte.
Estén contenidas en la parte resolutiva de la sentencia o influyan en ella.	Juez de segunda instancia deberá ser quien complementa. Cuando se haya dejado sin resolver la demanda de reconvención o la de un proceso de acumulación se devolverá el expediente para que se dicte la sentencia completaría.	Cuando la corrección se hace luego de terminado el proceso, el auto se notifica por aviso.
Aclaración de autos procede bajo las mismas circunstancias.	Los autos solo podrán adicionarse de oficio dentro del término de su ejecutoria, o a solicitud de parte presentada en el mismo término.	En los casos de error por omisión o cambio de palabras o alteración de estas, siempre que estén contenidas en la parte resolutiva o influyan en ella.
La providencia que resuelve la aclaración no admite recursos. Pero durante la ejecutoria se podrán interponer los recursos que procedan contra la providencia objeto de la aclaración.	Dentro del término de ejecutoria de la providencia que resuelva sobre la complementación podrá recurrirse también la providencia principal.	

6.11. TABLA JURISPRUDENCIAL

TEMA	SENTENCIA
Recurso de reposición	Colombia. Corte Suprema de Justicia. Sala de Casación Civil, Agraria y Rural. Sentencia STC1025-2023. 9 de febrero de 2023.
	Colombia. Corte Suprema de Justicia. Sala de Casación Civil, Agraria y Rural. Sentencia STC12022-2020. 18 de diciembre de 2020.
	Colombia. Corte Suprema de Justicia. Sala de Casación Civil, Agraria y Rural. Sentencia Rad. No. 1001-22-03-000-2020-00279-01. 21 de mayo de 2020.
	Colombia. Corte Suprema de Justicia. Sala de Casación Penal. Auto Rad. No. 51142. 29 de abril de 2020.
Sustentación del recurso de apelación	Colombia. Corte Suprema de Justicia. Sala de Casación Civil, Agraria y Rural. Sentencia STC13399-2023. 30 de noviembre de 2023.
	Colombia. Corte Suprema de Justicia. Sala de Casación Civil, Agraria y Rural. Sentencia STC13408-2023. 30 de noviembre de 2023.
	Colombia. Corte Suprema de Justicia. Sala de Casación Civil, Agraria y Rural. Sentencia STC13546-2023. 29 de noviembre de 2023.
	Colombia. Corte Suprema de Justicia. Sala de Casación Civil, Agraria y Rural. Sentencia STC13119-2023. 22 de noviembre de 2023.
	Colombia. Corte Suprema de Justicia. Sala de Casación Civil, Agraria y Rural. Sentencia STC12627-2023. 10 de noviembre de 2023.

	Colombia. Corte Suprema de Justicia. Sala de Casación Civil, Agraria y Rural. Sentencia STC12578-2023. 9 de noviembre de 2023.
	Colombia. Corte Suprema de Justicia. Sala de Casación Civil, Agraria y Rural. Sentencia STC9229-2023. 13 septiembre de 2023.
Recurso de súplica	Colombia. Corte Suprema de Justicia. Sala de Casación Civil, Agraria y Rural. Sentencia STC8160-2023. 16 de agosto de 2023.
Recurso de casación	Colombia. Corte Suprema de Justicia. Sala de Casación Civil, Agraria y Rural. Sentencia SC3755-2022- 28 de noviembre de 2022.
	Colombia. Corte Suprema de Justicia. Sala de Casación Civil, Agraria y Rural. Sentencia SC5251-2021. 26 de noviembre de 2021.
	Colombia. Corte Suprema de Justicia. Sala de Casación Civil, Agraria y Rural. Sentencia SC4904-2021. 4 de noviembre de 2021.
Recurso de queja	Colombia. Corte Suprema de Justicia. Sala de Casación Civil, Agraria y Rural. Auto AC3347-2020. 7 de diciembre de 2020.
Recurso de revisión	Colombia. Corte Suprema de Justicia. Sala de Casación Civil, Agraria y Rural. Sentencia SC001-2021. 18 de enero de 2021.
Nulidades procesales	Colombia. Corte Suprema de Justicia. Sala de Casación Civil, Agraria y Rural. Sentencia STC10574-2023. 27 de septiembre de 2023.

Sobre las autoras

ALEJANDRA GÓMEZ MORENO es Abogada, graduada con matrícula de honor, de la Universidad de Caldas y Especialización en Derecho Procesal Civil de la Universidad Externado de Colombia. Actualmente, Gerente Legal del Entorno y Litigios del Oleoducto Central –Ocensa-. Su práctica se concentra en litigio civil, comercial y administrativo, así como en arbitraje nacional. Coordinadora de Jóvenes del Comité Colombiano de Arbitraje, Directora de Semilleros del Instituto Colombiano de Derecho Procesal –ICDP-. Es Directora de área de Derecho Procesal de la Universidad El Bosque, es conferencista de diversos programas en derecho procesal y arbitraje. Habitual panelista en conferencias y eventos a nivel nacional e internacional, y autora de diversos artículos en derecho procesal. Es árbitro de la Cámara de Comercio de Bogotá, Medellín, Cali y Bucaramanga.

NATHALIA FRANCS BARRERA es Abogada graduada con honores de la Universidad Libre. Especialista en Derecho Procesal Civil de la Universidad Externado de Colombia. Miembro del Instituto Colombiano de Derecho Procesal y de la Red Juvenil de Arbitraje de la Cámara de Comercio de Bogotá. Actualmente, asociada del equipo de Resolución de Conflictos de Philippi Prietocarrizosa Ferrero DU & Uría y docente de la Universidad El Bosque. Ponente en diversos eventos académicos en materia de Derecho Procesal. Autora y coautora de diferentes publicaciones en materia de Derecho Procesal.

ANTONIA ZAPATA LONDOÑO es estudiante en pregrado de ciencias jurídicas de la Pontifica Universidad Javeriana, donde cursa cuarto semestre. Actualmente, es monitora de la asignatura Romano 2. Participa en el semillero de investigación de Derecho Procesal de la Pontifica Universidad Javeriana.